JN152558

究極のホスピタリティを実現する

「共感力」の鍛え方

サービスビジネスコンサルタント
安東徳子

AIにはできない、
人にしかできない!

コスモ21

究極のホスピタリティを実現する「共感力」の鍛え方◉もくじ

第5章 感情的資質を養い共感力を鍛える
――純粋性、想像性、美性、創造性、品性

カバーデザイン◆中村　聡
構成◆北　千代
編集協力◆菊池麻依加（エディットプラネット）

プロローグ　人にしかできないサービスを究める！

♡ＡＩによるサービスと共存する時代が到来する

20世紀には、未来の技術と考えられていたＡＩ（人工知能）。しかし技術はみるみるうちに発達し、今や身近なスマートフォンにも搭載されているほど、ポピュラーな技術になりました。今後はあらゆる場面で積極的に用いられるようになることでしょう。

それは、労働人口が減少傾向にあるビジネスの現場でも起こってきます。ＡＩが行なう業務は確実に広がっていきます。とくに、記憶力やデータに頼る業務はほぼ全てＡＩに任されることでしょう。

そのようにＡＩに任せる業務が増えていくと、いわゆる「人にしかできない業務」のほかは仕事として残らなくなります。

では、どんなに技術が進もうともＡＩにできないこととは、どんなことが考えられるでしょうか。

ＡＩの技術はすでに、相手の表情や声音をパターン認識で読み取ってストレス度を判断し、最適な対応ができる段階まで進んでいます。

たとえば、コールセンターのＡＩ化は着々と進行しています。宿泊の予約やパソコンの不具合についての問い合わせなど情報伝達や問題解決などの事柄はＡＩの得意分野ですから、スムースに対応して顧客満足度を高めることができるでしょう。

ところが、ＡＩがどんなに適切な対応をできたとしても、ＡＩに決定的に不足しているものがあります。それは、感情を読み取る能力です。

感情の起伏を感じられない人を「まるでロボットのような人」と表現することがありますが、そもそもＡＩには感情がありません。

たとえどんなに感情が込められているかのように言葉を使うことができても、どんなに流暢な音声で言葉を発することができたとしても、私たちは、ＡＩの言葉には「心がこもっていない」と感じます。ＡＩには、生命体がもっている感情がないからです。

ですから、とくに相手の感情に寄り添って対応しなければならないクレーム処理などは、決してＡＩにはできない業務です。人の感情を緻密《ちみつ》に分析して相手の感情に合わせて言葉を発するＡＩであっても、それは感情が込められているように聞こえるだけで、生きた感情ではありません。

それで、「真摯《しんし》に対応してもらえた」と感じる人は誰もいないはずです。

むしろ、ますます気分を害して「バカにしている！」と怒り出す人のほうが多いかもしれません。

逆に、新入社員の拙い言葉であっても懸命に謝罪されると、「バカにしている」と思う人はそう多くないでしょう。感情が込められているからです。


心がこもった謝罪は、何より顧客が味わっているであろう不快な感情を共有すること、つまり共感がなければ成り立ちません。

これは、謝罪に限らず、人の喜怒哀楽に深く関わる場面でも同じです。

たとえば、お祝いの言葉を伝えるとき、あるいは慰めの言葉を伝えるとき、ＡＩが過去のデータからいちばん適切な言葉を選び、「おめでとうございます」「大変でしたね」と言ったとしても、共感が伴うことはないので、相手の心には届きません。

今後、ＡＩの技術がどんなに進歩したとしても、感情の共有が必要なコミュニケーションはできないでしょう。それができるのは人だけです。このことにこそ、「人にしかできない仕事」「人に求められる仕事」を理解する秘密があるのです。

♡「人にしかできない仕事」とは何か

ここで、具体的に「人にしかできない仕事」とはどのようなものかを考えてみましょう。

２０１５年の段階で人がしていた仕事を１００とした場合、２０２５年はその半分の仕事が無くなるといわれています。電車の運転士、交番の警察官、プログラマ、通訳、印刷業者、受付業務案内、ネイリストなどは無くなってしまう職業の代表格とされています。

すでに接客業では大きな変化が生まれています。ファストファッションやコンビニエンスストアの一部には、セルフレジが導入されていて、今後ますますレジの仕事はセルフレジに取って代わられると見られています。


それでも、多くの人が「ＡＩからは買いたくない」と感じる商品があります。たとえばネット販売は自動販売の一種としていち早く普及しましたが、この販売方法に向かない商品があります。

そのひとつが、住宅。たいていの人は、セールススタッフや銀行の融資担当者と話をし、ときには彼らの個人的な感想まで聞いたうえで、購入するか否かを決定するでしょう。

これから家を建てようという場合、いくらＡＩの情報や分析が精密だとしても、ネット販売に「土地の購入も設計も、全部お任せするので、この予算でうまく条件が合う家を建てて」と任せてしまうでしょうか。どんなにお金持ちであっても、一度くらいは専門家のプランを聞き、自分の意見を述べたいと思うものではないでしょうか。

私の専門分野でもある結婚式でも同じです。よほど急いでいたり、会場からはるか遠方に住んでいたりといった特別な理由がないかぎり、たいていのカップルは、一度は会場を下見してウエディングプランナーと話をし、結婚式や披露宴の会場を決めます。

ウエディングドレスを試着せずに決めてしまう花嫁さんもいません。試着をし、自分に似合うか、彼やご両親はどう思ったか、列席者はどんなふうに思うかといったことを考えて、その日のための特別な一着を決めます。

婚約指輪もまた、あまりネット販売が普及しない分野です。プロポーズ用婚約指輪のネット販売が伸び始めている会社も出てきましたが、こうした会社でも購入前の電話相談や、購入後のデザイン変更オーダーなどのフォロー体制を密にする努力を行なっています。

ここで、「ネット販売が普及しにくい商品」の特色を整理すると、次の5つのいずれかの条件に当てはまります。

(1)高額の商品である
(2)購入機会が特別な商品である
(3)購入する際に専門知識が必要となる商品である
(4)形態や発注が複雑な商品である
(5)実物を見ずに購入しなければならない、無形の商品である

これらは、「人にしか売れない商品」です。つまり、その販売は「人にしかできない仕事」「AIにはできない仕事」なのです。

♡共感力を使う仕事は人にしかできない

その理由は、すでに述べたように、「感情の共有」すなわち共感が大きく影響する仕事だからです。

人にとって何かを決めるというのは、とてもストレスフルなことです。とくに高額なものや、特別なもの、専門的なもの、複雑なもの、無形のものの購入を決定することには、不安や期待が絡み合った強いストレスが伴います。

また、スペックが豊富な商品を選ぶ場合、ＡＩのほうが上手に情報を集めてお客様の好みに合った提案はできるでしょう。パターン認識を活用して「似合うかどうか」まで提案することも可能でしょう。

しかし、ＡＩは、

「これに決めたいけれど、なんだか不安だ」

「なんとなく嫌だ」

というような感情に寄り添い、その感情を共有すること、つまり共感することは不可能です。

ＡＩから

「ヨクオ似合いデスヨ」

「コノ食洗機ヲイレルト、家事ガ楽ニナリマスヨ」

と言われたとしても、そして、本当にその通りだったとしても、なんとなく腑に落ちないのではないでしょうか。

いかにＡＩの言葉が人間の言葉に近づこうとも、それは人の心から直接あふれ出てくる言葉ではなく、プログラミングによるものです。目の前の相手の心に寄り添い、同じ気持ちを共有する、すなわち共感することで言葉を発することはできないのです。

私たちは品物を選ぶとき、いろいろなスペックのものを比べながら、どれがいちばん自分に合っているかを検討します。そのとき、ＡＩからどれだけたくさんの情報を提供されても、それだけでは決めかねるでしょう。結局最後は、「好き」「嫌い」という感情で決めてしまいます。

ですから、優れた販売スタッフは、商品そのものだけでなく、売り場の雰囲気やスタッフにも好感をもたれるように工夫して総合力で商品を売っていきます。

「楽しい」「感じがよかった」「信頼できる」「嬉しい言葉をかけてくれた」「親しみをもてる」「スタッフが一生懸命だった」「正直だった」「お世辞を言わなかった」「心から喜んでくれた」など、好感というプラスの感情を生み出すものは全て動員します。

そのうえで、お客様の気持ちに共感しながら感情面での手助けをしてあげると、お客様もこちらの提案を受け入れて決定してくれます。


高級ブランドの試着を例にとりましょう。スーツを試着していただいたところ、その男性にとてもよく似合っていましたが、「何かが違う」という顔をなさっていました。

「デザインが好みじゃない」「仕事ができる雰囲気にしたかったのに、

ソフトな雰囲気になってしまった」「太って見える」「ウエストが苦しくて気分が悪くなってきた」「高いはずなのに安っぽく見える」「こういうスーツの色には嫌な思い出がある」……

その表情には、いろいろな可能性が考えられますね。

ＡＩにも、「不快な表情をした」というところまではとらえられるかもしれません。

けれども、感情のサポートはできません。「何かが違う」という感情に寄り添い、その不快な感情を取り除き、より良い気持ちになれるような提案をすることまではできません。

ほかの分野でも同じです。たとえば、看護や介護の仕事。肉体労働を軽減するような機械化は進むでしょうが、治療時の痛み、リハビリの辛さ、回復への希望、自分が自分でなくなっていく喪失感や孤独、そういった患者の感情に寄り添い、励まし、慰めること、すなわち共感することは、感情の働きをもつ人間にしかできないことです。

就職活動をするときや結婚をするときなど、人生の大きな決断をするときも同じです。

ＡＩがあらゆる情報を総動員して分析し、条件がぴったり合っていることを提案してくれても、「じゃ、決めよう」とはなりません。それだけでは決めかねるのが人間だからです。

信頼できる人や専門的な知識のある人、人生経験が豊かな人などに相談し、話を聞いてもらったり、助言をしてもらったりして背中を押してもらうことで決断することができるのです。

自分のためを思ってかけられる言葉によって、マイナスの感情が軽減されて決断できた経験は、誰にでもあることではないでしょうか。


このように相手の感情に寄り添い、その感情を共有する「共感」を必要とする仕事こそ、人がすべき最後の仕事だといえます。いえ、人だからこそできるもっとも価値ある仕事だと思います。

逆にいえば、共感を伴わない人間の仕事は、なくなってしまいます。そして、共感力がない人は、ＡＩとなんら変わりません。ですから人は、ＡＩになってはいけないのです。

　私はこれまで、サービスビジネスコンサルタントとして、住宅、葬儀、旅行、ＩＴ、ウエディング、教育、美容、医療、レストラン、金融、ホテルなどの分野で、「究極のセールススキルとは何か」について考え、実践し続けてきました。

　その結果たどり着いた結論が、ＡＩのような技術がいかに進もうとも、とくにサービスビジネスの世界においては「共感力」というスキルが必須であること、それはいつまでも変わらないということです。

　これからは、ＡＩがますます進化し、さまざまなサービスを提供するようになっていくことでしょう。だからこそ私たちは、「人にしかできないサービス」を究めていく必要があります。そこでもっとも大切なことは共感力を鍛えていくことです。

　そのために、本書は大きな助けになるはずだと確信しています。さあ、ご一緒に新しいサービスビジネスの扉を開けましょう。

第1章

共感したとき人は動く

――共感力コミュニケーション

共感と同感は違う

共感とは、自分以外の誰かと感情を共有することですが、それは相手と同じ感情を分かち合うことともいえますし、お互いに似通った感情をもつことであるともいえます。

じつは、このような共感にはふたつの側面があります。

ひとつは、「ほかの人に共感する」ことです。

もうひとつは、「ほかの人を共感させる」ことです。

人の行動を決定する一番の感情は「好き嫌い」です。ですから人を動かすには、好きという感情を共有し分かち合うこと、共感してもらうことがとても大事なのです。いくら同じ情報を共有してくれても、あるいは理屈では納得させても、それだけでは人は動いてくれません。

一般に私たちには「親和欲求」といって、誰かと仲良くなりたい、グループに入りたいという欲求があります。この親和欲求を満たすためにもっとも大事なのが、共感する力、共感させる力なのです。

たとえば、サプライズが人の心を動かすのは、そこに共感があるからです。コンサートの感激や興奮が冷めやらぬまま友人たちとお店に立ち寄ったお客様がいたとします。そこで、会話を聞いていたお店の人が、さりげなくその日のアーティストの楽曲をかけてくれたら、それは素敵なサプライズになります。

きっと、その心意気に深く共感し、「またこのお店に来よう」と思うことでしょう。では、なぜ、お店の人はコンサートで盛り上がったお客様を共感させられたのでしょうか。まず、お客様のことを知りたいと思う気持ちが最初のモチベーションになっています。そして、あくまでお客様目線でお客様の気持ちをなぞることで、お客様に共感したからです。だからこそ、お客様もお店の人のサプライズに共感したのです。

また、共感に似た言葉に「同感」という言葉があります。じつは、共感と同感はまったく違うものです。たとえば、お客様が映画を観た話をしたときに、「ご覧になったのですか？　私も観ました。休みと合わなくて、レイトショウで観るしかなかったのですが……。でも行ってよかったです」

というのが同感です。

一方、「ご覧になったのですか？　劇場はどちらで？　まあ、あの劇場は音響が良いので、感激もひとしおだったのでは？」というのが共感です。

このように、同感は自分の話にしてしまいます。共感は、相手の感情に寄り添い、それを共有しますが、あくまでも相手の話をします。ですから、共感の力があるほど、相手は気持ちを受け取ってもらっていると感じ、安心感をもつようになります。こちらの話を聞いてもらいやすくなりますし、信頼関係も築きやすくなります。


旅行会社に勤める窓口のスタッフの方から、新幹線の切符を買いにいらした老婦人のお話を聞きました。

そのご婦人は乗車時間を指定された切符を買おうとされていたのですが、行きも帰りも一名分だけです。そこで、その窓口のスタッフは、「ご旅行ですか？」とたずねてみました。すると、認知症で遠方の施設に入院しているご主人に会いに行かれるとのことでした。

奥様のお顔を見てもよくわからないことが多いそうですが、体調が良いといろいろなことを思い出され、奥様と昔同様にお話をされることもあるのだそうです。

それを聞いて、そのスタッフは
「もし、ご主人の体調が良いときでしたら、新幹線の時間に迫られてゆっくりお話ができないのはお辛いでしょう。チケットは時間指定をしないほうがよろしいのでは?」とお勧めしたそうです。

ご婦人はその通りね、とおっしゃって、勧めにしたがって帰りの切符は時間指定をしないオープンチケットを買っていかれました。

後日、窓口にそのご婦人がいらっしゃいました。

「あなたの勧めにしたがってオープンの切符を買ったけれど、結局、夫の調子がよくない日だったの。

でも、いつもはたった一人でお見舞いに行って、たった一人の家に帰ってくるのだけど、今回はあなたが待っていてくれるような感じがして、心強かった」

そのことを伝えにいらしたのです。

これこそ、共感力をもってお客様に接すると、お客様も共感してくださるということです。

経済行動を決定する一番の要素も「好き嫌い」の感情

感情といえば、いろいろな人間関係のシーンが思い浮かびますが、経済行動においても感情が重要な働きをします。たとえば何かを購入する場合、いくら商品情報が提供されても、人は感情が動かなければ購入意思が働きません。行動経済学という学問では、そのことを明確に示しています。

行動経済学とは、人間の感情的な性質や行動と、経済活動の関連を解き明かすものです。その理論は市場取引やマーケティングなどに多く応用されています。ハーバート・サイモンやダニエル・カーネマンは、この研究によってノーベル経済学賞を受賞しました。

平たく言ってしまえば、行動経済学では、個人の購買活動はもちろんのこと、国と国との経済や大企業同士の取引においても、全ては感情によって左右されているということを説明しています。つまり、人は結局、「好き」「嫌い」の感情で物事を決めます。

決めた理由は、その後で探します。そして、さも理屈で決めたかのように振る舞うのです。

カーネマンの有名な理論に「プロスペクト理論」というものがあります。これは、人は利益に対しては「儲けられないリスク」を回避しようとし、損失に対しては「損失そのもの」を回避しようとする。つまり、不確実な状況では、選択の結果得られる「利益または損害の確率」と「意思決定」が相互にいかに関わっているかを示したものです。

事例を挙げてみましょう。株価がちょっと値上がりしたときは、人は「儲けられない」という状況を避けようとして、少ししか儲けがないにもかかわらず確実に利益を出すために、すぐに売り抜けようとします。しかし、逆に値下がりが始まると、すぐに売り抜けるほうが損失を少なく抑えられるにもかかわらず、「ここで売ると損をするから嫌だ」という心理が働き、いつまでも「また値上がりするかもしれない」という希望にしがみついて、半値になってしまった株でも持ち続けるというものです。だから、株価が暴落して価値が激減した株を持ち続ける人が世の中に絶えないのです。

この事例からもわかるように、どんなに理屈ではわかっていても、人は感情で動くのです。数字で示された確率やデータなどは、あくまで後づけの材料にしかすぎません。どんなに精密な数字を目の前に示されたとしても、人はまず、感情で決めてしまうのです。

たとえば価格、デザインの人気度といった要素は、感情で決めたあと、理屈で納得するための材料にすぎないのです。

共感のベースにある自然言語処理能力

「プロローグ」でもお話ししましたが、ＡＩ（人工知能）と人間を比べたとき、ミスをしない能力や、データベース化して検索できる能力といった点は、人間よりもＡＩに軍配があがります。

それに対して人間がＡＩより上回る能力は、自然言語処理能力や共感力です。情報科学の分野では人工語であるプログラム言語に対して、人間の言語を自然言語と呼んでいます。

自然言語は、さまざまな文化の中で自然発生的に作られてきた言語であるため、常に曖昧さを含んでいます。この言語をコンピュータで取り扱う作業を自然言語処理といいますが、これが難しいのは、人工語と違い、自然言語には多様な感情が込められているからです。

おそらくAIがいくら進化しても、自然言語処理の能力を完全に獲得することは難しいでしょう。それは、人間固有の能力であり、共感のベースになるものです。たとえば、AIにいろいろなケースに応じた謝罪の言葉を発する能力を持たせても、相手の感情を共有しながら謝罪の気持ちを伝える言葉を発することはできません。

2016年、「東ロボくん」というAIが東大合格を目指すプロジェクトが敗北宣言をしました。暗記や計算が必要な数学、社会科、理科などの科目では高得点を獲得できたのですが、国語や英語などの語学では合格ラインの点数を獲得できなかったのです。

というのも、国語や英語は、高度な自然言語処理能力が必要なためで、AIには習得が難しかったからです。

たとえば「やばい」という言葉は、本来の意味として、辞書には「危険や不都合な状況になりそう」「あぶない」「ひどい状況」などと解説されています。ところが、現在は「最高である」「すごくいい」という、まったく正反対の意味でも使われています。

この言葉をＡＩのひとつ「自動翻訳サービス」で翻訳するとどんな英語になると思いますか。「あの料理はヤバかった（ヤバいと感じるほど美味しかった）」という若者言葉を使った文章ならば、「That dish was awful（その料理はひどかった）」と翻訳されてしまいます。ＡＩが獲得している辞書の情報にしたがって判断すれば、こうした表現になるのは当然です。

このように自然言語がもつ意味のゆらぎを、人間ならば文脈や相手の表情、声の調子などからくみ取って理解します。そもそも言葉の使い方を間違っている場合でも、その真意をくみ取って理解することもあります。

しかし、こうした曖昧な要素をパターン化することは非常に難しいのです。同じ言葉を使っていても、人によって表情や声の調子などは千差万別ですし、文脈も多彩です。それ以前に、本筋から逸脱した言葉を発しているといったこともしょっちゅう起こります。

それでも、相手の情報を的確に判断できるいちばんの理由は、私たち人間は瞬時に表情や感情を読み取る能力に優れているからです。言い換えれば、自然言語処理能力に優れているともいえます。

この能力があるから、私たちはほかの人に共感することが可能なのです。

感情を使う仕事こそ高付加価値を生む

日本の人口分布図では、2055年には超高齢化社会になると予想されています。これには、高齢者の増加だけでなく、人口全体が減っていくことも含まれています。

それに伴って、市場に影響のあることとしては、左記のような現象がますます進むと思われます。

①未婚化（2020年の生涯未婚率は男性2割・女性1割、男性の場合は2030年には3割にまで増加すると予想されています）
②少子化
③年収減化
④年金減化
⑤人材減化

こうした変化への対応として、市場ではAIの活用が高まっていき、AIと人間の分化が進み、住み分けがはっきりしていくでしょう。とくにパターン化が求められる仕事ほどAIが肩代わりするため、人がする仕事はより付加価値性の高いものに絞られていくと思われます。

企業としては、労働人口が減少するなかで安価な労働力を確保するためにＡＩの導入を進めるでしょうから、ＡＩと仕事を奪い合う状況も起こってきます。

こうした事態は決して、はるか未来の話ではありません。もう目の前に迫ってきています。とくにサービスビジネスの分野に関していえば、今からＡＩにはできない能力を身につけることが必須です。

私は、この分野においては何より、共感力を鍛え、ホスピタリティ能力を高めることが重要であると考えています。

共感力コミュニケーションを確立

ところが、サービスビジネスの分野では、ホスピタリティ能力の位置づけが明確ではありませんし、そのための適性判断に必要な客観的なデータも揃っていませんでした。ましてや、ホスピタリティ能力のベースになる共感力を評価する方法も確立されていませんでした。

主流の評価方法は、ペーパーテストによる一般常識のチェックと、面接官の主観による判断が圧倒的な多数。それはやはり、共感力の核になる「感情」や「自然言語処理能力」をデータ化し、分析することが難しかったからです。

しかし、AI化がますます進むなかで、漫然とホスピタリティ能力を扱っているかぎり、仕事能力として評価されないでしょう。人間だから発揮できるホスピタリティ能力を客観的に計測し、その能力を伸ばすための科学的な教育手法が必要です。それによって人材育成を効果的に進めることも必要です。

私はサービスビジネスに30年以上携わり、長年ウエディングプランナーの養成講座の講師を務めたり、日本初のブライダルの専門教育を手がけたりもしてきました。学生指導はのべ5000人、サービスビジネスの実務に携わる社会人の教育は1万人以上に上ります。その間、さまざまな研修データやホスピタリティ能力の適性判断に役立つデータも蓄積してきました。

私のラボでは、そのデータを分析したり、体系化を進めたりしながら、ホスピタリティ能力を客観的に計測する方法や、ホスピタリティ能力を効率的に伸ばす教育手法を確立してきました。その土台となっているものが『エモーショナル・コミュニケーション・メソッド（ECメソッド）』です。

このメソッドを活用し、コミュニケーションスキルに応用したものが「共感力コミュニケーション」なのです。

詳しくは、これからの章で述べていきますが、実際に導入したお客様からは、「翌月からすぐに効果が現われている」と喜んでいただいています。また、私が10年間校長を勤めた美容専門学校では、毎年、就職率１００％が継続し、学生の満足度も連続８年間90％超を維持し続けました。

人は情報ではなく情景に共感する

ＥＣメソッドの成り立ちについて、少しお話ししましょう。これまでのホスピタリティへの取り組みは、感情面ばかりクローズアップされることが多く、意思の形成に必要な理性面のことは見落とされがちでした。

しかし、私が長年研究を進めたところ、どの企業にも「スーパーキャスト」と呼ばれる、ホスピタリティ能力の高い人がいることがわかりました。その人たちを分析したところ、もれなく感情と理性の両方の能力のレベルが高く、バランスも良いことがわかりました。「スーパーキャスト」とは、サービススキルが高く、お客様の心を掴むことに優れ、顧客満足度や売上実績が高い販売員またはサービススタッフのことです。たとえば、困っている人がいたときに「助けてあげたい」というモチベーションをもてるかどうかは、行動原理（感情）の働きに属します。しかし、それだけでは適切な行動は生まれません。その状況において自分がどう役に立てるか状況判断する論理的能力（理性）も必要なのです。

たとえば、「水が欲しい」というお客様に対し、水を差し出すことが必ずしもよい結果を招くとはかぎりません。何かの病気を抱えていて、水を飲んではいけない場合もあるからです。あるいは、衣服を汚したお客様が水が欲しいと言ったとしても、水ではなく洗浄剤を使わなければ汚れのダメージが大きくなることもあるでしょう。

こうした場合、知識と理論をベースに今の状況を観察し分析することができなければ、せっかくの「助けてあげたい」というモチベーションをホスピタリティに昇華することはできないのです。

この理性と感情のバランス理論がＥＣメソッドの骨子ですが、それを活用した「共感力コミュニケーション」も、感情と理性をバランスよく働かせて行なうコミュニケーション術です。

私がこうした認識をもつヒントを与えてくれたのは、世界一のロングセラーにしてベストセラーである『聖書』です。

お読みになった方はよくご存知だと思いますが、『聖書』は、キリストが何かの教えを信者たちに授ける極意書のようなものではありません。

「ある時イエスはどこへ行った、そこにはこんな人がいた」

「イエスはこう言ってこう行動した」

といったふうに、キリストの行動を淡々と描写するだけです。

正しいことを「言う」のが『聖書』の目的ではない。正しいことを「伝える」ことを目的とした「たとえ」なのだ。物事の道理を、感情にくるんだ物語として記しているのだと気づいたとき、私は道理そのものだけで人を動かすことができないと直感したのです。

道理は理解しても、モチベーションがなければ人は動かない。どんなに論理だった教えでも「そのように生きてみたい！」という感情を喚起するストーリーがなければ行動につながりません。人は情報には共感せず、情景に共感するのです。『聖書』はまさしく情景を使いたとえることで、人の感情に訴えていたのです。詳しくは6章で述べます。

「世界一のベストセラーである『聖書』の手法こそ、人の行動を喚起する基本である」と発見したことが、ＥＣメソッドを確立するきっかけのひとつになっています。

私は、社会人になってから現在まで、ずっと「人を動かす」仕事に就いてきました。大学卒業後、私が勤めたのは広告代理店で、ピアノ教師、ウエディングプランナー、専門学校の教師、サービスビジネスコンサルタントなどとして活動するなかで、「いかに人を動かすか」について常に考え続けてきました。そこで不動の事実として実感したのが

「人は物事を理解しても動かない。感じたときに動く」

ということでした。

人は、好ましく思ってくれれば商品を買ってくれるし、提案を受け入れてくれて動いてくれます。反対に、良いものとわかっていても、好きでなければ買わないし、動かないのです。

私がそう感じる原点となった体験があります。ピアノ教師として幼児を教えていたときのことです。３歳の子の関心を30分間ピアノに向けさせ続けるのは至難の業です。なぜなら、ピアノを習う価値を、３歳児が理解できるわけがありません。ですから、練

習させる方法はただひとつ。ピアノの練習を好きにさせるしかないのです。

そこで私は、秋ならばきれいな落ち葉を拾い、楽譜の間に挟んでおきました。楽譜を開いて子どもの気持ちが落ち葉に向いたら、落ち葉の話をして、秋にまつわる曲を練習します。すると子どもは次のレッスンのときに、落ち葉を拾って来てくれたりするようになるのです。

そうして子どもたちがピアノに共感するように、子どもたちをピアノに共感させられるように、思いつくかぎりの工夫をしました。気づいたら、小さい子どもたちが喜んで通ってくれる教室になっていたのです。

これが、私が共感の力に気づく原体験となりました。

『ECメソッド』の基本は「ごきげん」の感情コントロール

本章の最後に、『ECメソッド』の核になっている感情のコントロール法についてお話ししたいと思います。

多くの人は感情の伝染に無自覚でいますが、接客するうえでは、これは大変なマナー違反です。

というのも、人の感情は、ミラーニューロンという神経組織の働きにより、接する相手に伝染します。たとえば、「ごきげん」(機嫌がいいときの感情の状態)が伝染すれば相手もワクワクする期待感が高まり、不機嫌が伝染すれば相手もドキドキする不安感が高まってしまいます。

人は、接客スタッフのお辞儀の仕方がぎこちなくても、敬語が不自然でも、熱意をもって仕事をしている人に対しては不快感をもたず、不機嫌にはなりません。しかし、いやいや仕事をしている、ムカムカしながら仕事をしている、イライラしながら仕事をしているといったふうに不機嫌さを感じると、自分まで不機嫌になってしまいます。

機嫌の良い状態、つまり「ごきげん」で接客していると、お客様にも「ごきげん」が快感として伝染していきます。

「ごきげん」という感情は、自然に湧き上がるものでコントロールできないものと思いがちです。しかし実際には、「ごきげん」という感情の状態は、ポジティブ思考を習慣化することで、誰にでも獲得することができるのです。つまり、その人が生まれながらにもっている性質ではなく、これまでの思考習慣の呪縛から解き放たれれば、誰でも身につけられるものです。

私はコンサルティングや研修で、いつも「ごきげん」についてお話ししています。スタッフの感情を「ごきげん」にすることで、お客様も好意的な感情を共感しやすくなり、即効性のある顧客満足につながるためです。

その気になれば誰でもすぐに「ごきげん」になれますが、実際にできている人は案外、多くないものです。だからこそ、実行するとすぐに効果を実感できます。

ここで、誰にでもすぐにできる「ごきげん」のスイッチの入れ方をご紹介したいと思います。

この「ごきげんスイッチの入れ方」は、ハーバード・ビジネス・スクールの心理学者エイミー・カディによって唱えられている「パワーポーズ」に基づいています。この理論の要点は、パワーのあるポーズをとると、筋肉の信号が脳に伝わり、脳を刺激し、ポジティブな気持ちになる、というものです。

良い姿勢になるというシンプルな行動を起こすと、良い姿勢を保つために使う筋肉によって、脳に刺激が与えられます。脳への刺激によって意識が変わり、意欲が生まれて、それが心のごきげんにつながります。良い姿勢になったらしばらく目を閉じてみましょう。前向きな気持ちになっているはずです。試しに良い姿勢で、ネガティブな言葉を言ってみてください。「だるいな」と言った途端に姿勢が崩れるか、あるいはちっともだるさを感じない、元気な「だるいな！」という言葉になるはずです。

意欲が意識できると、それは笑顔につながります。そして、笑顔によって表情筋が刺激されると、口角が上がりのどが広がって、気持ちの良い声になります。この声で挨拶をすると、ほかの人にも、ごきげんが伝わります。つまり、姿勢を正すというスイッチを入れることで、連鎖反応で姿勢、意欲、笑顔、美声、ごきげんの伝播という5つのスイッチが次々に入っていくのです。

第2章

ホスピタリティを高める共感力

――ホスピタリティとコミュニケーション

共感力はホスピタリティの必須能力

人にしかできない感情を使う仕事、感情が使える人の能力を一番発揮できるのが、ホスピタリティ分野の仕事です。ホスピタリティに絶対に欠かせないのが共感力なのです。

ホスピタリティというと、読者の皆さんは、「おもてなし」「気配り」「思いやり」などの、漠然としたイメージをもっているかもしれません。同時に、サービスとホスピタリティを混同している人もいるでしょう。そこで、まずはホスピタリティとは何かを理解することから始めましょう。

一言で言うとホスピタリティとは、特定の人に対して、特定の場所で、特定の時間に、特別なことをする行動です。そして、気持ちではなく、思いから生まれる行動のことをさします。ですので、マニュアル化できませんし、ＡＩにはできません。

たとえば、美しい花が咲いていることが売りのテーマパークで、趣味の一眼レフカメラを持って一人で撮影しているお客様がいたとします。あくまでも花の撮影が目的でしたが、あまりの絶景に、自分が写っている記念写真を一枚くらいは撮りたいと思って、近くにいたスタッフに声をかけ、「撮ってください」と頼みました。するとスタッフは快くシャッターを押してくれました。

さて、スタッフがお客様に頼まれてその要望に応じることは、ホスピタリティと言えるでしょうか？　これは、ホスピタリティではなく、当たり前の行動です。

一方、別のスタッフは、景色が良い場所にいるお客様を見て、「一眼レフをお持ちのあのお客様は、一人のようだ。もしかしたら自分が写っている写真も撮りたいかもしれない」と想定し、自分から進んで「よろしければ、お撮りしましょうか？」と声をかけました。これがホスピタリティです。

つまり、言われていないことを想定して、行動に移せること。あるいは言われる前にできることを、ホスピタリティというのです。

そのためにもっとも必要なのは、何をすれば人は喜ぶのか、その感情を共有できる能力で、それこそ共感力です。

もしカメラを持ったお客様が、実は仕事の撮影のためのフォトグラファーであったら、記念写真は必要ありません。そこで声をかけることは、仕事の邪魔をすることになり、かえって迷惑です。

それよりはむしろ、ほかのお客様が不快にならないよう気をつけながら誘導し、写

サービスとホスピタリティの違い

サービス	ホスピタリティ
不特定多数が対象	特定の個人
マニュアル化できる	マニュアル化できない
特定の人・場所・時間に対応できない	特定の人・特定の場所・特定の時間に対応できる
事前に想定した「顧客像」に対して行動	具体的な相手の感情に即時対応する行動
既製品またはセミオーダー（選択肢から選んで組み合わせる）	特注品（オーダーメイド）
ＡＩでもできる	人にしかできない

り込まないようにすることのほうがホスピタリティなのです。また、ホスピタリティとサービスはしばしば混同されますが、サービスとはＡＩにもできることです。不特定の、より多くの相手に同じ規格のものを提供することがサービスなのです。

　ですから、世間でいわゆる「サービス」と呼ばれていることに必要な判断は、ＡＩにも可能です。しかし、「ケースバイケース」の対応は、感情を介するものであるほど、ＡＩには何がベストに近い対応なのか、判断できなくなります。この例のように、感情を共有して共感できなければ判断できないような行為、ホスピタリティある行為が人間にしかできない理由です。

ホスピタリティには2段階のプロセスがある

ホスピタリティには、2種類の共感の働かせ方をしなければなりません。というのも、その行為がただのサービスを超えたホスピタリティに昇華するには、2段階のプロセスが必要だからです。

その第一段階は「マイナスをゼロにする」こと、続く第二段階は「ゼロをプラスにする」ことです。

○第一段階――マイナスからゼロにする（期待値以下）

・不快感の払拭

・あって当たり前・できて当たり前

・例：「紅玉をください」と言われて、紅玉というりんごを出す

○第二段階――ゼロからプラスにする（期待値以上）

・感動の創出

・なくても良いもの

・例：「紅玉をください」と言われて「製菓用のりんごだからジャムを作るのかな？」と想定し、「レモン汁を加えると煮ても変色しませんよ」と言って紅玉りんごと一緒にレモンを出す

第一段階は、あってしかるべき状態、当然のレベルを実現できれば完成です。しかし、それで本当に不快感は払拭されるでしょうか。

「あってしかるべき状態」は多くの人に共通しますが、「不快感」は万人に共通するものではなく、千差万別です。ですから、「あってしかるべき状態」を実現しただけで不快感が払拭されるとはかぎらないのです。

個人個人の感情に寄り添い、共有する共感力を使わなければ、本当には第一段階ですらクリアすることはできません。

たとえば、あるブランドで買ったバッグの持ち手が壊れたため、修理に出すとします。すると店舗のスタッフが、

「修理には2万円かかってしまいますけれど、よろしいですか？」

と言いました。このとき、一見お客様に寄り添うようですが、実際にはお金がかかる

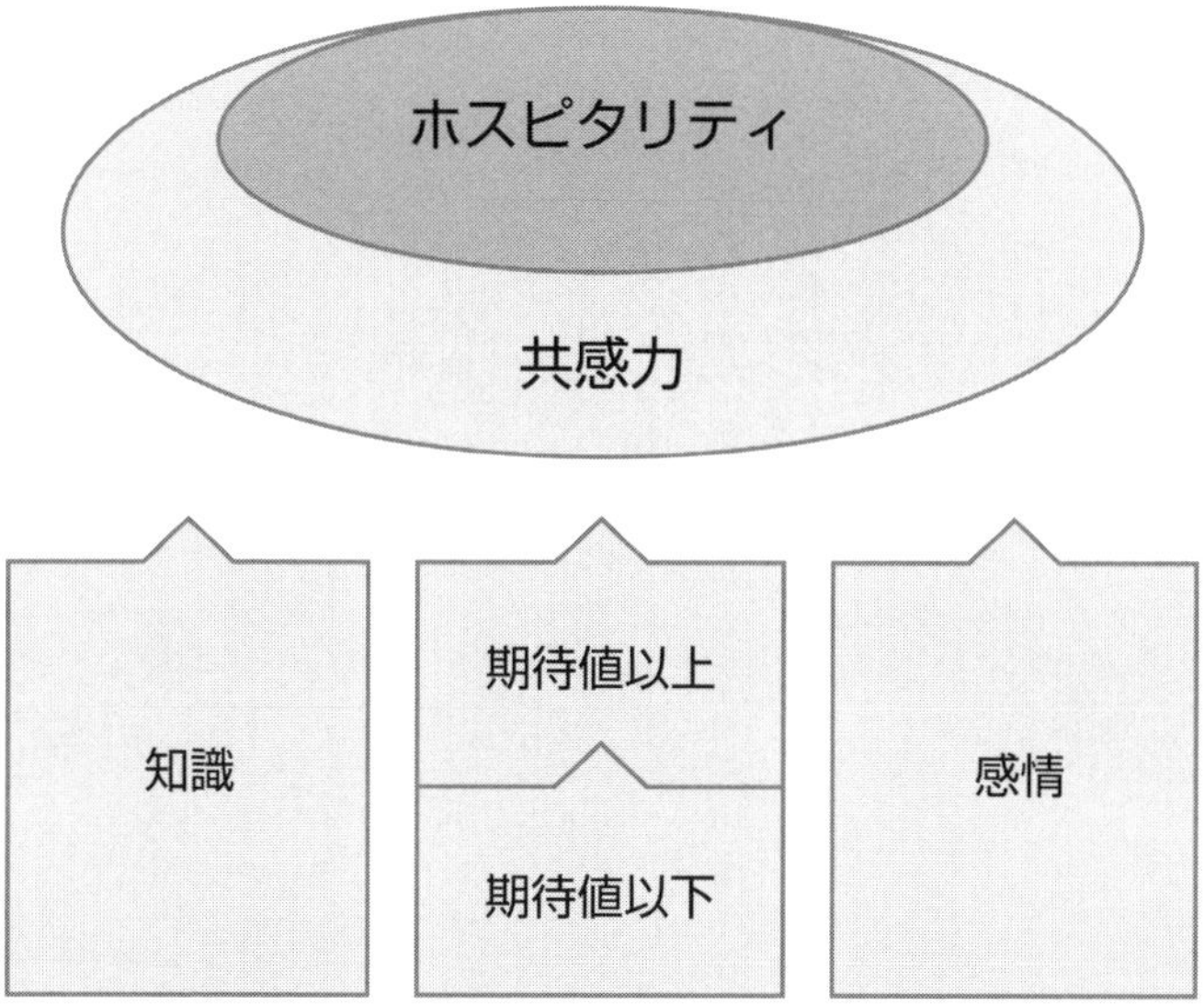

以外の理由で不快感をもつお客様もいるのです。たとえばそのブランドのファンで、修理に出して修理代を払ってでも長く使いたいお客様などです。しかしスタッフに「お客様はお金を払うのが嫌なものだ」という思い込みがあると、修理代を払うことをマイナスの情報として伝えることになります。すると、お客様には、

「あなたは2万円が惜しいかもしれないけれど、修理するならかかりますよ。いいですか？」

というように聞こえてしまうのです。

当然のことながら、修理代を出すよりも新しいものを買うほうがよいと考える人もたくさんいます。ですから、不快感を与えないということには、細心の注意を払わな

ければなりません。お客様は「不快感を与えないことは当然」と思っているからです。

ホスピタリティについての啓蒙本を見ていますと、第二段階の「感動の創出」について記されたものを多く見ますが、感動を創出するメカニズムについて説明しているものはほとんどありません。それ以前に必要な第一段階について、不快感を払拭することをしっかり述べているものもごくわずかです。

不快感を払拭しないまま、いくら感動を創出したとしてもうまくいきません。せっかくの感動が、残ったままの不快感によって打ち消されてしまうからです。

このように、ホスピタリティには「不快感の払拭」と「感動の創出」という二段階がありますが、それらを可能にする能力が共感力です。共感力を発揮するには行動原理(感情)と状況判断(理性)がバランスよく作用することが必要なことは、これまで述べてきたとおりです。

ホスピタリティの材料となる10の資質と4つの能力

私のラボでの研究を通じて、ホスピタリティの土台となる共感力を高めるには10の資質が求められること、加えて4つの能力が必要であることが明らかになりました。具体的には、その10の資質こそが状況判断や行動原理に関わる資質であり、不快感の払拭や感動の創出を可能にするものです。

◯行動原理に関わる資質

①純粋性

自己解釈をせず、物事を素直に理解する資質。人事担当者が挙げる条件のひとつ「素直な人」はこの資質のことを言っている。

②美性

いわゆるセンスといわれているものだが、純粋性や肯視性（ポジティブな思考習慣）によって磨かれる。ホスピタリティにおいては、相手の価値観に気づく能力の基盤となる。

③創造性
過去からの発展または組み合わせの2通りの方法で、既存のものを応用・構成し、新しいものや価値を生み出す力になる。
④想像性
仮説を立て同調するための礎になる資質。知識、情報、経験を元に、水平思考に基づいて類推する力になる。
⑤品性
品格のない行動や考え方に対して、理屈や習慣では整理できない違和感や抵抗感をもつことができる感性。紳士的、倫理的であること。

○状況分析・判断に関わる資質

⑥肯視性
事象に対して肯定的なとらえ方ができる性質。物事の良い側面を見つけられる柔軟性。
⑦知性
whatに対する知的欲求。共感力コミュニケーションの重要なツールである「教養」

を身につけるための必須の資質。

⑧論理性

状況分析・判断に必須の資質。対象をカテゴライズしていく能力のベースにもなる。

⑨同調性

相手の行動や発言から感情を想像し、理解し、適切な行動（同調）をとるために必要な資質。

⑩探求性

whyに対して核心に迫ろうとする資質。創造性や知性の原動力となる。

より高度なホスピタリティを行なうためには、この10の資質をバランスよく備えていることが理想です。

加えて、ホスピタリティにおいては、次の4つの能力も必要です。個別対応に必要な総合力「想定能力」、行動を起こす前のインプットに必要な「傾聴力」、実際に行動を起こす際のアウトプットに必要な「立案力」「説得力」。これらを身につけると、さらに高度なホスピタリティを提供できるようになります。

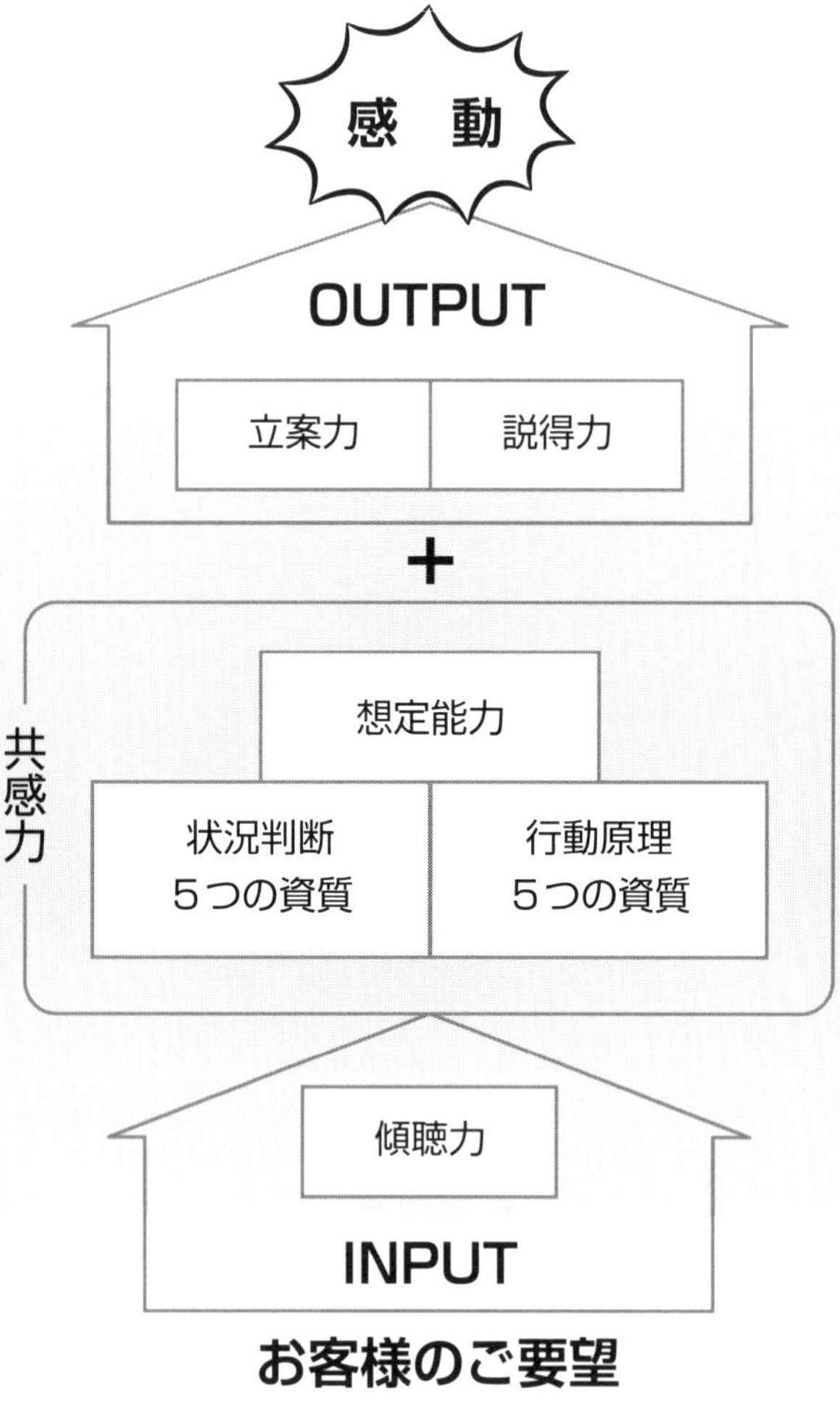

内がホスピタリティ能力

コミュニケーションの4つのタイプ

初対面の人と話をするとき、「話しやすい」と感じる人と、「話しにくい」と感じる人がいませんか？　これは、『マル感タイプ』『マル理タイプ』『マル淡タイプ』『マル共タイプ』という、各人のコミュニケーションタイプの相性によるものです。同じタイプの人同士はコミュニケーションがしやすいと感じ、異なるタイプ同士では、話しにくいと感じることも多いのです。

ホスピタリティにおいては、相手のコミュニケーションタイプに合わせていかなければ、円滑なコミュニケーションができません。

コミュニケーションを分析すると、行動原理（感情）と状況判断（理性）の作用にはいろいろなバリエーションがあります。感情と理性がともに強く作用している場合もあれば、一方が強く作用し、もう一方が弱く作用している場合もあります。また、両方とも控えめに作用している場合もあります。

そのように感情面と理性面がどのように作用し合っているかを整理していくと、コミュニケーションのタイプは大きく4つのタイプに分かれます。

『マル感タイプ』の特色

『マル感タイプ』は、感情（行動原理）が優位に働くタイプです。

感受性は豊かですが、自分の感性を中心に据えて物事を考える傾向が強いため、その分、周囲からは「感情的になりやすい」と思われることが多いかもしれません。

自分の意見をはっきりと表明することは得意で、理屈を理解することもできますが、感情で納得できないことは受け入れがたいという人が多いでしょう。

自分と似た人や好感をもった人には同感しやすいため、タイプが似ている人とは共感力を発揮しますが、傾向が異なる人には共感することはもちろん、同感することも苦手です。

冷静に人を評価することも苦手かもしれません。時として冷静に分析ができず、過度の感情移入をして苦しい思いをすることもあるはずです。

感情とは、事実とは無関係に「好き」「嫌い」で判断するような心の動きです。その「好き」「嫌い」に先入観のフィルターがかかってしまうと、相手の感情を正しくとらえることができません。

マル感タイプの人は、苦手な人やタイプが違う人、年齢や性別が違う人に対しては、特に相手の感情を正しくとらえることが不得手です。

感情抜きで物事や人に対峙する姿勢を身につければ、あなたはもっと理性的に物事や人を判断できるようになり、共感力も今以上に高まります。

そして、これまでは「よくわからない」人だった相手に対しても、共感力を発揮できるようになります。

『マル理タイプ』の特色

『マル理タイプ』は、理性（状況判断能力）が優位に働くタイプです。

世の中の常識や流行に対するアンテナが鋭く、何事にも世間や社会の価値観を参照します。また、目的合理性や理屈を優先することも多いタイプです。

理路整然と物事を説明することには長けていて、フラットな視線で物事を判断します。ですから、会議などで議事を整理することも得意です。

また、感情の起伏が表われにくいので、情緒が安定していると思われやすい反面、冷たいと感じられることも多いようです。

これは、相手の感情の動きをありのままとらえるよりも、むしろ「正しい」「間違っている」「良い」「悪い」などと理性的に物事を判断して論理で対応しがちになるからです。しかし、それがいくら論理的に合っているからといって、好きになるとは限らないのが人間です。

マル理タイプの人が物事を受け入れる基準は、「論理的にどうか」「理屈的にどうか」ということに焦点が絞られがちです。

そのため偏見をもたずに判断することはできやすいのに、相手と同じように感じるという過程を軽視する傾向があります。そのことに重きを置いて判断する人とは、とくに共感しにくいという難点があります。

マル理タイプの人は、自分やほかの人の心の動きにもっと関心をもち、感情に関する経験を豊かにしていけば、理性と感情のバランスが整ってきて共感力を発揮しやすくなります。

そうなれば、冷静な判断力に加えて、相手の心の動きにも敏感になり、ほかの人と気持ちを分かち合いやすくなるでしょう。

『マル淡タイプ』の特色

『マル淡タイプ』は、感情の表出（好き嫌いの表現）も理性的な判断の提示（論理的な良否の表現）も、積極的に行なわないタイプです。

極端に感情的でもなければ、理屈っぽいわけでもありません。どちらかというと、日々淡々と過ごしていて、感情が大きく揺れ動く様を人に見せることも、自分の意見をはっきりと表明することも少ないでしょう。人付き合いが苦手だったり、煩わしいと感じたりするタイプかもしれません。

理性と感情のバランスはよいのですが、両方とも積極的に使っていないため、共感力を発揮してコミュニケーションを行なう習慣がありません。

理性と感情のバランスに留意しながら、それぞれを積極的に使うようにしていると、理性と感情の作用が強くなり、共感力を発揮しやすくなっていきます。

『マル共タイプ』の特色

『マル共タイプ』は感情面と理性面の能力がいずれもフルに発揮され、いずれかに偏ることなくバランスよく働くタイプです。

いわゆる「話し上手」「聞き上手」で共感力が高く、「コミュニケーション能力が高い」と評されるタイプです。

社会の価値観を熟知し、自分の価値観との距離もつかんでいます。物事に対して、まず「なぜだろう？」と考える習慣があり、対人関係で軽率な行動をとることはほとんどありません。

人の輪の中心にいるリーダータイプとはかぎりませんが、非常に共感力が高いので人から信頼を寄せられることは多いでしょう。悩みを打ち明けられたり、相談されたりすることも多いでしょう。

さらにマル共タイプの人が共感力を高めるには、自分に欠けている要素を発見し伸ばしていくことです。

たとえば、プレゼンが上手で説得力があり、物わかりも早いとしたら、その分、ほかの人も自分と同じように理解できると思い込んでしまいがちです。理解度には個人差があることに思いを馳せ、相手が理解しやすい表現に言い換えてあげることができるようになれば、もっと共感力が高まり、より多くの人の理解を得やすくなります。

※　※　※　※

感情と理性のバランスがとれていて強く作用し合っていると、コミュニケーションはうまくいくでしょう。しかし、実際にはどちらかが抑えめであったり、両方とも抑えめであったりする場合がほとんどです。

ですから、コミュニケーションのレベルを上げるには、感情面と理性面で得意なところはさらに伸ばし、不得意なところはまだ伸びしろがあるので、そこをもっと伸ばしていきます。

そうして感情面と理性面のレベルを向上させ、バランスよく働くようにしていくほど、すばらしい共感力を発揮することができるようになり、より高度なコミュニケーションが可能になるのです。私は、そういう意味を込めて「共感力コミュニケーション」と呼ぶことにしています。

世間では、「あいつは感情的になりやすいのが玉に瑕《きず》だ」という言い方がありますが、これは誤解です。感情的になりやすいということは、感情の作用が盛んであるともいえるのです。

1章で述べたように、感情面の能力こそＡＩと人を決定的に区別するものです。ですから、この場合に必要なのは、理性面の能力とのバランスをよくすることです。それによって、共感力コミュニケーションの能力が向上し、人にしかできない仕事の可能性も広がっていきます。

一方、「冷静でクールな人」という言い方もあります。これは、理性の働きは高いけれど、どうも感情面が乏しいから付き合いにくいと言っているのでしょう。この場合は、抑え込んできた感情面の能力を高めながら、理性の働きとのバランスがとれるようにしていけばよいのです。

それによって共感力が磨かれていくと、さまざまな人に対して偏見なしに共感できる人になることでしょう。

本書を読み進めていただくと、自分はどのタイプのコミュニケーションをしてきたか、今の自分に足りない感情面や理性面の課題は何かがより具体的に見えてきます。それらを伸ばしていけば、必ず共感力が高められ、コミュニケーションも達者になっていくはずです。

なお、巻末付録として、コミュニケーションタイプ診断と、相手のタイプに合わせたコミュニケーションのコツをまとめました。

第3章

共感の仕組み

——「5つのステップ」と「想定能力」

共感に至る「5つのステップ」

ここからは、共感という心の働きについて、さらに具体的に見ていくことにします。共感はどのような仕組みで行なわれているのか、どのような資質や能力が使われているのかを詳しくお話ししていきたいと思います。

「共感」に至るまでに、人の意識は次の「5つのステップ」を踏んでいます。

1 **キャッチ**：「何が起こったのか」「何を言われたのか」を認識する
2 **分析**：先入観はさておき、ニュートラル化してから分析する
3 **普遍化**：分析した結果を、「そもそもなぜ?」と考えてみる
4 **置き換え**：知っている感情に置き換えてみる
5 **トレース**：その感情をなぞり、受け入れる

具体的な場面をイメージしながらお話ししていきます。

若い女性に人気のおしゃれなエリアにある外国車の販売店に、40代の男性が一人で来店しました。ご案内しようとすると、「今日はひやかしにきただけだから」とおっし

ゃいます。どうすればこのお客様に共感できるでしょうか？

ステップ1「キャッチ」

お客様の言葉に、あなたはまず「え？」と悩み、見込みがないお客様のようだと思い、あるいは「なんて失礼なことをおっしゃるのだろう」と思うかもしれません。

そうした感情をまず脇におき、お客様のご様子から、お客様のことを考えてみることから始めることが、ステップ1の「キャッチ」です。

「共に感じる」ことが共感ですが、その発端となった物事を認識しなければ、同じ気持ちを分かち合うことはできません。そこで、そのとき、何が起こったのかをきちんと認識するところから、共感は始まります。

自分の感情のさざ波は忘れ、そのうえで、相手に起こった気持ちの揺らぎが、何から始まったのかをきちんと見極めてください。

それには、相手の行動を観察したり、ヒアリングしたりして、情報収集をしなければなりません。

「ひやかしとおっしゃる割には、アンケートを丁寧に記入している」

「パンフレットにもご興味があるご様子」

「それにしても周りがおしゃれな人たちで、居心地が悪そう」

「このお店の客層から考えると場違い感があるみたい」


相手の様子を観察したり話していた様子を思い出したり、言葉の内容やタイミングを考えたり、もし気まずい状況でなければ話をしてみたりして、分析に必要な情報を集めます。自分に都合がよいこと、自分に興味のあることだけではなく、自分にとっては不都合な事実も含めて「相手のことを知りたい」という気持ちをもつことが重要です。相手と接した全ての要素を使い、相手の感情を読み取る材料になりそうな、出来事や言葉を集めます。そのことによって、相手のいろいろな面を、多角的に知ろうとしてください。


すると、見逃していたとっても大事な言葉や、しぐさ、出来事などを見つけることができるはずです。

「そういえば、ひやかしと言いながら、少し恥ずかしそうなご様子だった」

「お店の外でしばらく中の様子を気にしている人がいたけれど、もしかしたらこのお客様だったのかな」

「冷たい飲み物をお出ししたら、汗を拭きながら一気に飲んでいらしたから、緊張していらしたのかも」

ここでは先入観や偏見、独断なしに、現状を認識する必要があります。それには、曇りのない視点、まっさらな視点で相手のことを知りたいと思う「純粋性」が大切になってきます。

ステップ2「分析」

次に、なぜお客様が「ひやかし」なんて言葉をおっしゃったのか、集まった情報をもとに、その理由を分析してみます。

あなたが知り得た情報をもとに、彼がどのような状況で、そういう態度を示したのか、分析してみるのです。

「もしかして、本当はすごく興味があるのに、場違いな感じがして、虚勢を張っていらっしゃるのかしら？」

「ひやかしという割には車を見ながらご自分から車のスペックをお話になったりして、ひやかしという言葉も、じつは照れ隠しなのかもしれない」

「でも、いろいろと話をする割には、私とは目を合わせなかったけれど、女性が苦手なのかな？」

「もしかしたら、普段はあまり若い女性と接点がない方なのかしら。それで緊張なさっている……？」


このとき、先入観をもたずに分析を行なうことが重要です。人は違う感情をもち、違う考え方をもっています。常識も異なります。ですから、フラットな状態で情報を分析しなければ、共感に至る前に「共感できない」と思い込んでしまう危険があるのです。

「人は皆、違う」という前提に立ち、自分の常識で他人のことを判断してしまう＝先入観を判断のもとにしないことが大切です。


今の時代なら、もし、外国人が靴のまま日本の家に上がろうとしても、

「なんて非常識な人なの！」

と怒りだす人はあまりいません。

「日本の習慣に従って、家に上がるときは靴を脱いでくださいね」

と言うだけでしょう。

なぜなら、国によって生活習慣が異なることを知っているからです。

外国人と日本人ほど極端ではないにしても、人の「常識の範囲」は異なるものなのです。


この「分析」のステップでは「想定能力」も非常に重要な役割を果たします。

想定能力を発揮するためには、知識が欠かせません。知識を養うためには、知性と探求性というふたつの資質が求められます。また、仮説を立てるうえでは、水平思考に基づく想像性も重要です。

ステップ3 「普遍化」

相手の状況を分析できたら、今度は、分析した結果をもとに
「そもそも、なぜ、相手はそのような気持ちになり、そうした行動をとるに至った

か？」

を考えます。分析の結果と、あなたが見聞きした出来事の間をつなぐ「何か」の存在を探すのです。

「普遍化」というと難しく感じるかもしれませんが、要するに、「そもそもなぜ？」を考えることだと思ってください。

　先述の男性客の例に戻ると、

「そもそもなぜ、あの方はひやかしと言いながらも、来店なさったのだろう？」

ということを考えてみます。お客様の行動の背景にある、どうやら車には興味がすごくおありで、けれども販売店の雰囲気や、若い女性の店員が苦手なのかもしれないという「分析結果」と、来店しながらもひやかしにきたと言った事実。このふたつを「そもそもなぜ？」という疑問で結ぶのです。

　すると、こうした想像もできるのではないでしょうか？

「車にはすごく興味があったから、一番近くの店舗に来たけれど、来てみたら場違いな感じがして、なかなかお店に入りにくかったのかな？」

「それで、お店の外でしばらく様子を見ていて、お客様が少なくなったタイミングを見計らって入って来たのかもしれない」

「でも、気取った接客をされることが心配で、あまり声をかけられないように、ひやかしっておっしゃったのかしら」

「けれども車は試乗したいから、興味があるアピールとして、アンケートを熱心に書いたり、車にまつわる話を私にしたのかもしれない」

普遍化の段階では、知識・情報・経験をもとに類推を行なうための創造性と、多くの可能性を筋道を立てて判断する論理性が求められます。また、相手の価値観に気づかなければ、「そもそも」の部分へたどり着けません。この相手の価値観を理解するために必要なモチベーションとなるものがセンス、つまり「美性」という資質です。

ステップ4 「置き換え」

「そもそもなぜ?」が、おぼろげながらつかめたら、今度は、そういう感情を自分が過去に体験していないか、考えてみます。

人間の感情のことを「喜怒哀楽」といいますが、あなたがもっている感情はこの4種類だけではなくて、もっと複雑です。たとえば、「哀」の中にも、いろいろな悲しみがあります。
あなただけではありません。人には人それぞれのいろいろな「哀」の感情がありま
す。
「恋人に振られて悲しい」と、「お財布を落としてしまって悲しい」、「お客様がキャン
セルなさって悲しい」という気持ちは、どれも「かなしい」気持ちですが、まったく
違う種類の悲しみでしょう。
ですから、いろいろな「悲しい」から、相手のケースにぴったりと合う「悲しい」
を探し出してこなければならないのです。「喜」や「怒」、「楽」でも同様です。
そして、似たような感情を見つけ出したら、相手を自分に置き換えてみます。
「すごく興味があるのに、誰かほかの人を誘っては行きにくい場所ってあるよね。で
も、いざ行ってみたら、やっぱり場違いな感じがして、気後れしちゃいそう。たとえ
ば、私はちょっとだけコスプレに興味があるけれど友達のことはなかなか誘えないし、
実際に行ってみたら、なんだか私一人だけ違和感があって浮いちゃいそう。居心地も
悪いだろうな。でも実際に行ってみたら、興味のほうが勝っちゃうかもしれない」
このステップで、自分の感情に置き換える作業には創造性の資質が大きな役割を果

たします。創造とは、新たに何かを生み出すことのみを示すのではありません。既存のものを応用したり、再構成したりすることで、まったく新たな価値や視点を生み出すことも、創造性の仕事です。

ステップ5 「トレース」

相手に湧き上がった感情を、自分が知っているよく似た感情と置き換えたら、今度は、その感情を点字を読むようにそっとなぞってみます。相手の行動の「背景にある感情」の追体験です。下絵の上に紙を重ねてなぞって描くように、感情をトレースしてみるのです。

たとえば相手が悲しんでいるときなら、その心の痛みの度合いを、楽しんでいるときならその心の弾み具合を、自分のものとしてなぞってみます。

「あんなにじっくりとご覧になっているから、本当はあの車を購入されたいのだろうな……」

「こういう雰囲気でなければ、試乗なども気軽に言い出せるのかもしれない」

このようにお客様の感情を感じ取れたら、あなたの共感は成功です。ここまできれば、お客様にどのような言葉をかけて差し上げればよいのか、あるいはどういう行動をとればいいのか、結論も出るはずです。

あなたが共感を示すと、お客様も「わかってくれた！」と、心を開いて来店の本当の動機を話してくださるでしょう。

相手の行動や発言から相手の感情を想像し、理解し、適切な行動をとるために必要な資質が同調性です。また、相手の気持ちに寄り添うためには、ポジティブに物事をとらえる肯視性や、非倫理的な行動や考え方には違和感を感じ、迷いなく倫理的な行動をとれる品性も欠かせません。

感情と理性を両輪で働かせる

このように、共感においては物事を客観的に判断し、自分が知っている感情に置き換え、トレースすることが必要です。つまり、感情的な人はすばらしい、理性的な人が偉いといった二元論ではなく、感情と理性を両輪で働かせることが重要なのです。

というのは、共感というと感情面が強調されがちですが、ほんとうに共感に至る5つのステップを踏むには理性面の働きも必要だからです。

どんな人にも、先入観にとらわれて、事実とは違った感情に置き換えてトレースをしてしまう傾向があります。ですから、キャッチして知り得たことを理性で分析して普遍化する過程がなければ、正しい感情に置き換えることができないのです。

もし、こうした理性的プロセスを飛び越えて、置き換えやトレースを行なってしまうとどうでしょう？　感情は、事実とは無関係に「好き」「嫌い」のような心の動きで判断しようとします。その「好き」「嫌い」に先入観のフィルターがかかっているほど、自分の知っている感情の中から勘違いした感情を探し出し、「これだ！」と思い込んで、置き換えてしまう可能性が高くなります。

ですから、キャッチして知り得たことを理性で分析して普遍化する過程が必要なのです。それがなければ、正しい感情に置き換えることはできません。

マル感タイプの人が、好意をもっている人や似たタイプの人にはとても深く共感できる反面、苦手な人やタイプが違う人、年齢や性別が違う人に対して共感するのが苦手なのも、普遍化や分析を面倒に思いがちなためです。

一方、マル理タイプの人は、5つのステップの順序にのっとって状況を判断します。しかし、置き換えとトレースがあまり得意ではないため、相手と同じように感じる過程は省いてしまいがちです。

これは、偏見をもたずに判断する土台はもっているのに、普遍化した段階で納得してしまうためです。相手の感情をトレースして対応するステップが抜けたまま、「正しい」「間違っている」「良い」「悪い」などと論理で対応しがちです。そこで、相手からは「冷たい」と受け取られてしまうことが多いのです。

各ステップで感情と理性が正しく作用するには、先述した10の資質を働かせることも欠かせません。純粋性、美性、創造性、想像性、品性という5つの資質が感情（行動原理）に働きかけ、肯視性、知性、論理性、同調性、探求性という5つの資質が状況分析・状況判断（理性）に働きかけることで、ほんとうの共感に至ることが可能になるのです。

たとえば、マル理タイプの人が商品を勧めようとすると、次のような接客になりがちです。ここでは、高品質素材を使用したシャツ販売の事例を見てみましょう。

マル理（店員）「これは、A農園の一番高品質の綿花を原料に、世界一優れたB工場の技術で作られたシャツなんですよ。すばらしいでしょう?」

マル感（お客様）「やだぁ、色と襟の形が好みじゃない！　絶対あり得ない！」

マル淡（お客様）「うーん、いいものかもしれないけど、ピンとこないなぁ」

マル理タイプの言葉は情報の伝達に優れているので、シャツの価値は、聞く人に情報として届きます。それに対してマル感タイプは、シャツの価値を「好き」「嫌い」という感情で判断しています。マル淡タイプの人は、感情的にも情報に対しても反応が淡白で、とらえどころのない感じです。

マル理タイプの共感の基準は、「論理的にどうか」「理屈的にどうか」という焦点に絞られがちです。最近のくだけた言い方を使えば、「スペック萌えタイプ」と言えるかもしれません。

ですから、「心に何が届くのか」で判断しやすいマル感タイプの人とは、共感しにくいという難点があります。

マル淡タイプについては、マル理タイプの情報を受け取っているものの、それに対して論理的な良否も、感情の好き嫌いも、はっきりと表現しません。

「キャッチ→分析→普遍化→置き換え→トレース」の順は守っているけれど、どのステップもあっさりと通過しているので、淡白な言葉として現われてしまうのです。

もうひとつ、パソコン販売の事例も見てみましょう。価格や発売時期、メモリの容量や処理速度の速さを知りたい場合、あなたは何を参考にしますか？　まずはカタログや値札に載っているデータを見るのではないでしょうか？

一方、自分の用途に合っているかどうかを知りたい場合は、店員を探して次のような質問をするのではないかと思います。

「あちこち持ち歩いて、出張先でメールをチェックしたり、取引先でプレゼンテーションに使ったりしたいのですが、こうした用途に向いているのはどのパソコンですか？」

ふたつの行動の違いは、前者が「情報」を取得する行動であるのに対し、後者の行動は「使う自分のイメージ」つまり「情景」を描くことです。人は、自分が使う情景が見えたときに物を買いたくなりますから、質問に対して店員が、スペックや金額の話だけでなく

「持ち歩くのでしたら、このパソコンだとお客様が今お持ちのハンドバッグにも入りますよ。軽いので、繊細なバッグも傷めませんよ」

というような説明をしてくれたら、思わず買いたくなります（＝感情が動く）。

ここで、共感力を高めるための簡単な方法を紹介します。

マル感タイプの人ならば、とくに感情をトレースする前に、まず、客観的に分析して「そもそもなぜ？」と考える習慣を身につけることです。そうすれば、あなたの『感情のパレット』（第5章で紹介します）を、今まで以上に有効に使いこなすことができるようになります。

マル理タイプの人ならば、さまざまな感情に触れる機会を増やしましょう。

マル淡タイプの人は、共感に至る5つのステップを一つひとつ意識して実践してみてください。そのうちに必ず、本来の能力を使いこなせるようになってきます。

分析力を左右する「想定能力」

5つのステップのうち分析のステップでは「想定能力」が大いに関わってくることは、すでにお話ししました。このステップでは、単に論理性や知識を使って分析するだけでなく、想像性を使って感情を類推することも必要になってくるからです。

想定能力とは、理性と感情、双方に属する資質を使う総合力のことです。あり得る可能性をできるだけ数多く考え出せる能力ともいえます。状況判断と行動原理のバランスが良く、積極的に使える人の共感力が高いのも、この想定能力をうまく使えているからに他なりません。

想定能力にとくに欠かせないのが知識です。その仕事の専門的な知識は言うに及ばず、お客様自身の情報、一般的な教養、トレンドの情報、世間の常識といった、ありとあらゆることを知っていなければ、精度の高い想定はできません。

この想定能力を鍛える手法として「かもしれないゲーム」というものがあります。これを日常の習慣にすると良いでしょう。日常のさまざまなシチュエーションを見て、さまざまな可能性を想定することによって鍛えるのです。

たとえば、レストランのテーブルに二人のお客様が座って食事をしていたとします。一人がキョロキョロし始めました。３分間で考えられる可能性をできるだけたくさん考えてください。

これは、できるだけ多くの仮説をできるだけ早く立てるトレーニングです。想定能力が高い人だと、3分間で30ケースほどの仮説を立てることができます。

もし「覆面調査員」や「ミシュランの調査員」という仕事があることを知っていれば、その可能性も想定できるでしょう。また、尾骨にヒビの入ったことがある人なら、椅子が硬いために尾骨が痛くてじっと座っていられないのかもしれないと考えることもできるでしょう。これらは全て、知識があってこそ可能な仮説です。

知識とは、仮説を無限に増やすための道具なのです。ですから、知識がなければ相手の体験によって発生する感情を想像することもできません。

誰にでも感情はありますが、それだけではほかの人の感情を察することはできません。知識を増やしていかなければ、ほかの人の感情を想定する精度を高めることができないのです。

第4章

思考習慣を変えて共感力を鍛える

——知性、探求性、論理性、肯視性、同調性

5つのステップにおける理性の働きに必要な資質

共感の5つのステップ「キャッチ→分析→普遍化→置き換え→トレース」の各ステップにおいて行動原理（感情）と状況判断（理性）が作用しますが、この章では、とくに状況判断（理性）について見ていくことにします。

5つのステップのうち、知り得たことを分析して普遍化する過程で理性の働きがなければ、正しい感情に置き換えることはできません。そして、このステップがなければ、どんな人であっても先入観にとらわれ、事実とは違った感情に置き換えてトレースをしてしまう可能性が高くなります。それでは、正しく共感に至ることができないということはすでにお話ししました。

ですから、共感に至る過程では、理性をしっかり働かせて分析・普遍化を行ない、注意深く先入観を取り除きながら、感情でトレースすることが必要なのです。

理性が正しく作用するには、先述したように、10の資質のうち知性、探求性、論理性、肯視性、同調性という5つの資質が重要になります。

この5つの資質を、共感の5つのステップにおける理性の働きと関係づけて分類すると、次のようになります。

知性と探求性という資質は、第二ステップの分析における理性の働きに必要です。

論理性という資質は、第三ステップの普遍化における理性の働きに必要です。

肯視性と同調性という資質は、第四ステップで感情を置き換え、第五ステップでトレースするときの理性の働きに必要です。

ポジティブな思考習慣を定着させる

ここで、第四ステップの置き換えにおける理性の働きに必要な肯視性（ポジティビティ）について考えてみたいと思います。この言葉には「前向きさ」「積極性」といった意味があります。ポジティブという言葉もありますが、心がポジティブになるかどうかは主に感性が司っていると考えている人が多いかもしれません。

しかし、実のところ、ポジティブに考えるかどうかは思考習慣によって決まるものなのです。

すべての物事は、「良い面」と「悪い面」が表裏一体となっています。

たとえば、「財布を落としたが戻ってきた。しかしまた落としてしまい、それでもまた戻ってきた。そしてもう一度落としたが、今度も戻ってきた」というとき、「3回も財布を落としてツイていない」と受け取ることもできれば、「3回とも戻ってきてツイている」と受け取ることもできます。

つまり、ひとつの現象から導かれる真理はひとつではないということです。しかも、普通は悪い面に目が行きやすいものです。ですから、ポジティブな思考習慣をもつには、より多くの視点をもつことが必要なのです。

現状を的確にとらえ、どのような受け取り方ができるか、最悪なものから最良のものまで何通りも考えてみる。そうして多角的な視点をもつうちに、その視点の中から最良のものを採用できるようになります。これを繰り返していると、自然にポジティブな思考習慣が定着していきます。そのプロセスは次のようになっています。

〈ポジティブな思考習慣が定着するプロセス〉

1　現実を直視する
2　多面的に見る（現状を構成する要素を分析する）
3　ほかの事柄と比較して、現状のポジショニングをする

4　現実を受容する
5　ポジティブな意味付けをする
6　感情をコントロールする
7　前向きなアクションを起こす

たとえば、ある会社の営業担当者が大口のクライアントを失ったとします（マイナスの事象）。普通は、非常に気持ちが落ち込みます（不快感）。しかし、何らかのプラス要素を見出すことで、マイナスの感情がニュートラルな状態になるように働きかけようとするのが、ポジティブな思考習慣です。

具体的には、まず今の感情を脇に置き、現実を直視します。いろいろな視点から多角的に見ることによって、これまでの会社の利益構造は「1社に偏っていた」、しかし「大口顧客のお陰でノウハウを培うことができた」し、「この業界の限界もわかった」とします。

そして、目の前で起こっている事象を多面的に分析し、現在のポジショニングをします。ここまでいけば、マイナスの感情に引きずられることなく、現実を受容することができるようになるでしょう。

現実を受容できれば、プラスにとらえる視点を見い出すこともできるようになります。そのことで、「利益構造を是正する好機」「培ったノウハウを横展開する好機」「他業界に移行できる」など、具体的なプラスの方策を見出す可能性が見えてきます。

もうひとつ、3章で取り上げた「ひやかしだから」と言ってご来店したお客様の例で考えてみましょう。「『ひやかし』とおっしゃった」という現実を直視するところから、どれだけ多角的に事象を見ることができるか、ということになります。

どんなに情報が少ない状況でも、「ご来店くださった」「アンケートは丁寧に書いてくださった」「居心地が悪そうにしている」「パンフレットを受け取ってくださった」「車自体には詳しく、興味がありそうだ」など、お客様をよく観察していると、複数の事実が見えてきます。

すると、「まずはご来店くださってよかった」「アンケートを書いてくださってよかった」「車にはご興味があるようなので、お役に立てることがあるかもしれない」といったプラスの可能性も見えてくるでしょう。

その後、お客様にどのように接するかは創造性の役目ですが、ポジティブな思考習慣がなくては、創造性を発揮して行動することも不可能です。

ネガティブな思考習慣を変える

ポジティブな思考習慣が定着すると、さまざまな現場で共感力を発揮することができます。たとえば、「お客様に水をかけてしまった」「お客様が大切なものを館内で紛失した」「お客様の体調が悪くなってしまった」など喜ばしくない状況が起こったとき、「何か答えがあるはずだ」「自分にできることがあるはずだ」「やらなくても済むことだが、あえてやるべきだ」というポジティブな発想なくして、やり抜くことはできません。

では、どうすればポジティブな思考習慣を定着させることができるのでしょうか。人間の思考習慣というのは、決まりきったパターンに片寄りがちです。ですから、それと異なる思考をするには、意識的に考え方を変えるプロセスが必要です。

残念ながら、18歳頃までの思考習慣は家庭環境に大きく影響されます。「お父さんの稼ぎが少なくて」「どうせうちのような家は」「勉強ができないから」などと家族のネガティブな口癖を聞きながら育つと、ネガティブな思考習慣が定着してしまうでしょう。

しかし、思考習慣は生まれつきのものではなく、後天的な体験によって身につくものです。ですから、自分の意思によって改めることができます。

1章でもお話ししたように、私は日頃から「ごきげん」「ごきげんよう」という言葉をよく使いますが、これも、ポジティブな思考習慣を得るための意識付けなのです。

周りにポジティブな思考習慣をしている人がいたらマネをしてみることが、ポジティブな思考習慣を身につけるのに良いトレーニングになります。また、ポジティブ、ネガティブを問わず、周囲の人の思考習慣を分析してみることも勉強になります。

ポジティブな思考習慣は、最終的には品性にもつながりますし、創造性や、論理性などの基礎となることも覚えておきましょう。

「知性」がコミュニケーションの幅を広げる

相手を理解するには知識と経験が必要不可欠ですが、それが共感力につながるには知性と探求性が重要な役割を果たします。知性と探求性は車の前輪と後輪のようなもので、知性とは知的欲求そのものであり、探求性はこの知的欲求を追求するうえでの原動力となります。

一般に、知性は知識の有無でとらえられがちですが、実際には知的欲求の強さの現われです。知識の豊富さが常に知性の高さを示すとは限らないのです。よく「知性に乏しい会話」とか「高い知性に裏付けられた対応」などと言いますが、問われているのはそれぞれのシーンに応じた知性のあり方なのです。

共感力を発揮するためには、できる限り高い知性を有していることが理想です。それによって、どのような相手とも対等なコミュニケーションが行なえるからです。「知性の高さは交際やコミュニケーションの幅の広さに比例する」ともいえるでしょう。

知識をひけらかすことが知性のアピールとならないことは、言うまでもありません。インターネットで何でも簡単に調べられる現代ですが、それゆえに真の知性を身につけるには非常に危うい状況でもあります。ご存知の通り、ウェブサイトでは誰でも簡単に情報を発信できるだけに、出典・執筆者・根拠など情報の信憑性が問われるからです。ウェブ情報に対するリテラシーをもつことも、現代ならではの知性でしょう。

知性には「そのジャンルにおいてどこまで知的欲求を深めたか」というレイヤーがあります。

「モーツァルトが好き」という話題は、「モーツァルトのピアノコンツェルトが好き」、「モーツァルトのピアノコンツェルト第20番が好き」、「第20番でもとくに素晴らしいのは内田光子をピアニストに迎えてのイギリス管弦楽団による演奏」とレイヤーを深めることができます。そして、より深いレイヤーに話題が至るほど、コミュニケーションで生まれる共感と感動も深まります。

知識があるに越したことはありませんが、知識がなくともレイヤーを深めるうえで重要な要素（この場合の鍵となるものは、ジャンルや楽曲、演奏者）を知っていれば、的確な質問をして相手を知り、知識を増やすことができ、自分自身の知的欲求を満たしながら、同時に相手と共感し合うことが可能なのです。

しかし知性を使わなければ、相手の興味や知識、状況などをうまくトレースすることができないでしょう。

知性あってこそ会話の達人になれる

知性を共有する喜びは、文化的に高度な共感に他なりません。2017年の春の例でいうと、映画『ラ・ラ・ランド』が大変な話題になり、あらすじや感想、アカデミー賞受賞のことなど、さまざまな情報を目にすることができました。しかし、これらについて語ることは、あくまでも情報の交換です。

「明日は『ラ・ラ・ランド』を見にいくの」

という話がきっかけで、

「（デイミアン・チャゼル監督の前作の）『セッション』もご覧になったんですか？　すごかったですね。『セッション』を見ると『ラ・ラ・ランド』も期待しますよね」

「ミュージカル映画では『アナと雪の女王』以来のヒットですね。そういえばイディナ・メンゼルが来日公演をしましたね」

と、「同じ監督の作品」や「ミュージカル映画」のことにまで話を掘り下げてコミュニケーションの密度を高めるのが、知性の仕事です。

「ミュージカル映画は苦手だけど、ジャズが好きだから」

第4章

という返事が返って来るかもしれませんが、ジャズについて話し合うことができれば、問題ありません。知性の高さは対応できる話題の幅に比例し、会話の密度を高める（＝「楽しい会話ができる」）ことが可能となるのです。

会話の質がお客様の期待値を超えれば、お客様の感動も高まります。しかし、知性なき会話の達人はいません。

すでにご説明したように、知性とは知識の多寡《たか》を問うものではありません。しかし、知を欲することは、広範な知識を身につけることにつながります。

そうしたとき、闇雲に知識を詰め込むのではなく、「ナレッジツリー」という考え方を用いることで、系統だって知識の幅を広げ、また深く掘り下げる方法が身につけられます。それによって知性を高める習慣が身につきますし、生きた知識として活用できるようにもなります。

ナレッジツリーとは、幹となる主題から、幾つもの異なる方向にレイヤーを枝分かれさせることで、広範囲にわたる知識を深めていこうという考え方です。

たとえば、自分で飲むための緑茶をペットボトルで買う場合、温度とメーカー、銘柄の違いなどしか選択肢がありません。それ以上に何かにこだわるとするなら、買う

ナレッジ・ツリー
knowledge tree

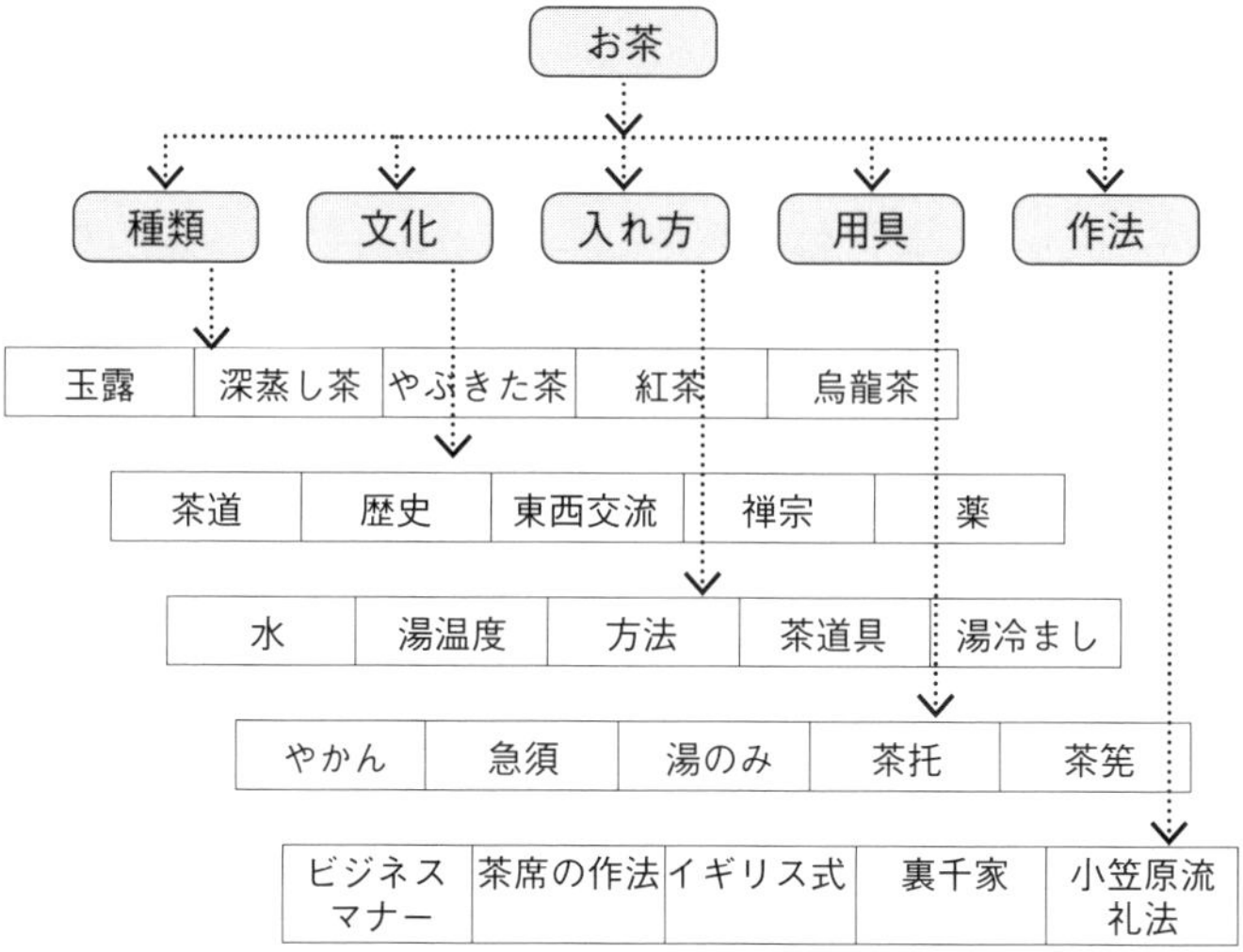

場所や買ったお茶を注ぐ器くらいでしょう。

しかし、急須で茶を入れる習慣がある人の場合は、こだわればこだわるほど、選択肢が広がります。茶そのものの種類、茶葉の産地の違い、使う用具、茶を通じた文化、茶を入れるときやお客様にお茶を供するときのマナーなど、さまざまな要素の選択の組み合わせで、お茶の味わいも変わってくるからです。すなわち、「お茶を入れる」という行為は、これらの膨大な知的世界へつながる入り口なのです。

知性は、顧客の期待を超える「未知の幸福感や快感」という付加価値を創出するうえでも重要な役割を果たします。感動を生むほどの付加価値は、底の浅い知性からは生まれないからです。
感動を創出できるものは、顧客のレベルを上回るまでにレイヤーを深められる、高い知性なのです。

「探求性」は知的欲求のエンジン

「探求性」は知性とともに相互理解のために欠かせない資質です。相手の「不快」に対しても「快」に対しても、想像を巡らし仮説を立てるために必要なのです。知性が知見を広げ、深める欲求であるのに対し、探求性はそもそもの疑問を作り出す欲求といえます。

たとえば、目の前に麦茶のペットボトルがあるとします。知性は、麦茶の種類、作り方、起源や歴史など、あるいはそのほかの飲料などに知識を広げていこうとする欲求です。つまり、興味の対象は麦茶を中心にして、同心円的に連なっています。

一方、探求性は、麦茶そのもののほかに、「麦」という漢字はどのように出来上がったのか、麦茶メーカーにはどんな歴史があるのか、パン用の小麦から麦茶は作れるのか……など、まったく関連しない分野にまで「疑問をもって知りたがる」欲求です。興味の対象は、ヒントとなった麦茶につながっていることもあれば、飛び地のように、まったく異なるところへ向けられることもあります。

このように探求性が作用して疑問をもつことが、知的欲求のエンジンとなるのです。探求性に火がつくと、あらゆることに興味をもち、知識を吸収することにつながります。

探求性は、疑問を重ねることで未知の事柄の核心に迫ろうとします。経験している感情はもとより、まだ体験していない、未知の感情も探ろうとします。ホスピタリティにおいて、感動を生みだすためにも作用します。

探求性を使い、相手の真理に迫る

探求性は、言うなれば、疑問をもち真理に迫ろうとする性質であるともいえます。このような探求性には、疑問を掘り下げる縦方向と、疑問を広げる横方向の2種類があります。

興味ある事柄や得意分野について細かな差異まで「より詳しく知りたい」という欲求に対しては、縦方向から真理に迫る探求性が使われます。たとえば梅酒を作る場合に、使用する梅の品種、産地、果実の成熟度などから、使用するアルコールや糖分の種類、その比率、漬け込む日数などまで、細かくデータを取りながら創意工夫していくような縦方向の探求性が使われます。

いわゆる凝り性の人は、この探求性が強く働くタイプの人です。細かな条件設定の相違にこだわり、追求を楽しむのです。ゴルフにハマる人が多いのも、条件設定が複雑であるため、追求すべきことが増える面白さがあるからです。

縦方向の探求性を伸ばすには、どのようなことでもよいので、ゼロから始められることを生活習慣に組み込むと良いでしょう。

味噌汁やカレーを作るとき、どのような材料で出汁をとるか、具との相性はどうか、など思いつく限り試してみることは、縦方向の探求性につながっていきます。また、コーヒーやお茶を入れる、靴磨きやアイロンかけをするなど、日常で反復する機会が多く、対象物も多い作業も適しています。

いずれにしても、ゼロから完成までの条件設定が多数あり、条件を変えることで結果が変わる。そうした経験を重ねることが良いトレーニングになります。

一方、横方向の探求性は、ありとあらゆる知識を得るための原動力となります。接客業においては、さまざまなお客様と接する際に、お客様への関心となって現われます。

たとえば、「釘製造工場勤務」のお客様に対して、「釘は何に使うことが多いのか？」「日本に釘の製造工場は何軒あるのか？」「1日の生産量は？」「釘を製造する機械メーカーは日本に何軒あるのか？」「釘の歴史とは？」「最新の釘の素材は？」「東西建築における釘の形状の相違とは？」「釘の平均サイズは？」「釘の種類の総数は？」……と、次々と疑問をもつ横方向の探求性が、お客様の快感を創出することにつながるのです。

横方向の探求性を伸ばすには、目の前のものからできるだけ知らないことを挙げ、質問を設定するトレーニングが有効です。「釘」や「ペットボトルの麦茶」の事例のように、目の前にあるものに対して、できるだけ多くの疑問をもつことを日々実践してください。

コミュニケーションにおける探求性とはつまり、相手に興味をもつことです。

その際に気をつけなければならないことがあります。それは思い込みを捨てることです。

たとえば、美容関係の現場では、
「女性だから、美容に関心があるはずだ」
「年配だから、肉よりも魚のほうが好きだろう」
などという思い込みから、お肌が弱く特定の化粧品しか使えない女性にボディクリームをすすめたり、お肉料理を避けた食生活の提案をしたりして、ミスリーディングをしがちです。

こうした思い込みを防ぐ資質が、純粋性です。「私は目の前の人のことを、何も知らない」というピュアな部分をもっていないと、「知っている」と思い込み、探求できないだけでなく、余計な不快感情を引き起こしかねません。

ですから、どんなに付き合いが長い相手であっても、毎回心をリセットして新しいこととして受け止めることが重要です。

純粋性が失われると、お互いによくわかりあっていると思っていた親しい相手を、些細な言動で傷つけてしまうようなことも起こるのです。

探求性を使って物事の価値を掘り下げる経験をくり返していると、美性も備わってきます。それによって美に対する理解が深まっていきます。

「そもそも」に立ち返るために必要な「論理性」

共感の第三ステップである普遍化において、分析した結果を法則化したり、カテゴライズしたりするうえで必要な資質が論理性です。

たとえば数学では、「$x+2y+3x+y-2x-5y+y+6x$」といった式を、シンプルに「$8x-y$」とまとめたりします。また、ドラマや昔話のストーリーにおいては、『水戸黄門』や『鬼退治』などは「勧善懲悪」という本質で言い表わすことができますし、『シンデレラ』や『眠れる森の美女』は「王子様の登場によるハッピーエンド」の物語であると言い表わせます。

普遍化とは、このように共通の要素を見つけてまとめたり、根本部分に立ち返ったりすることです。このとき、共通の要素や根本部分にある法則性を見つけるための資質が「論理性」です。

論理性に優れていると、分析や普遍化の能力が高まります。また、話を構築する力が高まるので、情報伝達にも長けてきます。

情報を的確に伝えるには、情報のプライオリティ（優先順位）を整理して、大事なことから話す、結論から話すことが大切だからです。「ポイントは」「理由は」「たとえば」といった、相互理解に必要な情報を付け加えていくことも必要です。

こうして情報を伝える習慣を身につけていくと、論理性を高めることにつながります。

同調できなければ、正しく普遍化できない

コミュニケーションにおいては、必ずしも両者が同じ意見になるとは限りません。というよりも、一般的なコミュニケーションの場合は、ほとんどの場合は意見が合わないものです。当然、お客様と意見が合わないことも多々生じます。その後のことを考えて、相手を説得しなければならない場合や、反対意見を述べなければならない場合もあります。

しかし、そうした同意ができない場合であっても、同調をすることはできます。同調性とは、相手の行動や発言から相手の感情を想像し、理解することです。そこに自

分の意見や感情は介在しなくても良いのです。相手の意見を否定せず、いったんは相手の意見を受け取り、認めることで、そのことを示すためにアグリーメントアクションを行なうことも大切です。なお、アグリーメントアクションについては、第6章で詳しくお話しします。

同調性とは、会話において、異なる意見を跳ね返すのではなく、「お預かりします」と言って伝言を受け取るように、まずは受け取って、どこへ返すかを考えられる資質のことです。同調とは、正しいかどうかを判断するのではなく、批判も賞賛もせずに、相手が言ったそのままの意味でただ受け止めることなのです。

怒って話している人に対して、「怒っているんですね」と、その感情を受け止めることが、第5ステップの「トレース」につながりますが、同調性が働かなければ、そもそも相手の意見を正しく受け止めることもできなくなるので、普遍化もうまくできなくなってしまいます。

第5章

感情的資質を養い共感力を鍛える

――純粋性、想像性、美性、創造性、品性

共感の5つのステップにおける行動原理の使い方

この章では、共感のステップにおける行動原理（感情）について詳しく見ていくことにしましょう。

「キャッチ→分析→普遍化→置き換え→トレース」という5つのステップのうち、置き換えやトレースにおいて、相手の感情を想定し、相手の心がどのように動いたのか、そのプロセスをなぞるためには、純粋性、想像性、美性、創造性、品性といった5つの資質を必要とします。

これらの資質を、共感の5つのステップにおける感情の働きと関係づけて分類すると、次のようになります。

純粋性という資質は、第一ステップのキャッチにおいて、先入観や偏見、独断なしに現状を認識するために必要です。

想像性という資質は第二ステップの分析において仮説を立てるうえで重要です。

美性という資質は、第三ステップの普遍化において、相手の価値観を理解するモチベーションとなります。

創造性という資質は、第四ステップで感情を置き換えるために必要です。品性という資質は、第五ステップでトレースするときの感情の働きに必要です。

共感の5つのステップで、キャッチ、分析、普遍化までを行ない、感情の置き換えやトレースを行なわずに具体的な解決策のみを示してしまい、うまく共感できなかった事例を挙げてみましょう。

しばしば耳にするのは、職場についての愚痴をこぼす配偶者に対して、具体的な解決策を話したら「解決策を聞きたいのではない、共感してほしかった」と不快感を示されたという話です。

それは、置き換えやトレースのステップが抜けてしまったためですが、なぜこのようなことが起こったのでしょうか。

それは、そもそものキャッチの段階で、「相手は自分に相談して、解決策を求めている」という先入観で話を聞き始めてしまったからです。また、分析のステップでも、「話を聞いて共感してもらえると、気持ちがなだめられる」という感情の経験がなかったために、うまく想像性を働かせることもできなかったのでしょう。

さらには普遍化の段階で、相手が「気持ちを理解してほしい」と思っていたことに対し、「解決策を示すべきだろう」という誤った価値観でとらえてしまったことも要因として挙げられます。

このように、理性的な資質を優位に働かせるべきステップでも、感情的な資質がうまく働いていなければ、共感は成り立ちません。

「共感できない」本当の理由は純粋性の欠如

共感の第一ステップ「キャッチ」で思い込みという先入観が強く働くと、その後の共感に至るステップはうまくいきません。共感の入口のところで、すでにつまずいてしまいます。つまり、共感できない相手がいるのは、その人に対しての思い込みがあるからです。

得意先のコンサルティングの際、現場のトラブル事例をチェックしていると、ほとんどのトラブルは、スタッフの思い込みから始まっていることが多いのです。また、まるっきりの新人よりも、少し仕事に慣れてきた頃のほうがトラブルの発生が増えて来るのも、現場の経験値が乏しいときより思い込みが増えてしまうためです。

そこで、常にイノセンスな状態を保ち続けられること、あるいはいつでも初心に戻れることが求められます。これが純粋性の働きです。毎回心をリセットして、今起こったことを受け止められれば、先入観なしにその出来事に向き合うことができます。ミスリーディングを防ぐこともできるでしょう。

先入観なしに物事に対峙できると、一見不可能にしか思えないことに対しても、前向きに相対することができます。また、ひとつの視点にとらわれずに本質を理解するためにも、純粋性が機能します。純粋性はポジティビティや創造性とも連動するものなのです。

想像性が仮説能力の基礎となる

第二ステップ「分析」で仮説を立てるには、相手に対して想像性を働かせなければなりません。相手の真意がわからなければ、どんな言動もただの押し付けになってしまうからです。

気が利かない人に対して、「考えればわかるのに」などと言うことがあります。このときの「考える」とは、まさに「相手のことを想像し、仮説を想定して、どの仮説を採用するのかを考えよ」ということです。

「三献の茶」という、戦国武将・石田三成の有名な逸話があります。三成がまだ寺の小姓だった頃に、豊臣秀吉に仕えるきっかけとなった出来事です。

あるとき、鷹狩りをしていた豊臣秀吉が寺で茶を乞いました。そこで三成が、まずぬるめの茶をたっぷり献上したところ、秀吉はたちまち飲み干し、2杯目を所望しました。そこでやや熱めの茶を出したところ、それが美味だったのか秀吉は3杯目を求め、三成は熱い茶を少量差し上げたというのです。

この三成の振る舞いのベースになっている仮説とは、

「鷹狩りで喉が渇いているに違いない。だからぬるい茶を一息に飲みたいだろう」

というものです。

言い方を変えると、仮説を立てる能力とは、今起きていないことに対して、「こういうことが起きるかもしれない」と想定できる力です。想像性とはつまり、「それによって、相手はこうした感情をもつかもしれない」という予測まで立てられる、幅広い思考のベースになるものなのです。

人は、経験したこと以上の物事を想像することができません。ですから全てを自分で経験する代わりに、知性を使って見聞を広め、経験を補います。

寺の小姓だった三成には、まだ、鷹狩りの経験はなかったでしょうが、想像性を使って鷹狩りがどのようなものかを想像し、渇きを察することはできたのでしょう。その思考の過程では、さまざまな仮説も必要だったはずです。

何通りもの可能性を想定し、さまざまな方向から考えを巡らせ、まったく異なる仮説を考え出すこと（水平思考）もしたでしょう。

想像性を働かせる際には、知識と経験の積み重ねを元に想定するだけでは不十分です。最終的に相手に生じる感情を予測（想像）しなければなりません。

つまり、より多くの感情を想像できることこそ、ホスピタリティにおける想像性にもっとも求められることです。

第5章

仮説をできるだけ多く立てて「想像性」を身につける

第三ステップ「普遍化」において、想像性を働かせるための絶好のトレーニングとなるのが、街や電車の中などで人間観察をして、「この人はどこから来てどこへ行くのか」と想像を巡らせることです。

これはできるだけ多くの可能性を考えるためのトレーニングなので、正解を出すことが目的ではありません。できるだけ柔軟に思考を働かせればいいのです。

とくに若い人たちは、人生経験そのものが浅いので、読書をする、映画を見る、さまざまな人の話に耳を傾けるなど、「人生経験の耳学問」を積極的に行なう必要があります。そのためには人間観察のトレーニングも大いに役立つことでしょう。

第三ステップの普遍化に必要な資質である美性は、真理を理解するためにどうしても必要なセンサーのようなものです。相手の価値観を察知し、理解して敬意を払い、その価値観に合わせてバランスよく物事をとらえるために必要な資質です。

普遍化のステップでは、「そもそもなぜ?」という視点に立たなければなりませんが、相手の価値観がわからなければ、その方向性はずれてしまいます。俯瞰《ふかん》的視野に立ち、さまざまな価値観を知ったうえで正しくジャッジできなければ普遍化できないのです。

そのためには、どこまでも客観的に物事を見ることができなければなりませんし、「価値観」という個人差が大きいものに対して的確に察知し、バランスよくとらえていく必要があります。このとき欠かせない資質が美性なのです。

人の価値観というのは、千差万別です。「花を飾ることは良いことだ」ということは比較的、多くの人に共通する価値観でしょう。しかし、古伊万里の器を美しいもの貴重なものと感じるかどうかについては、各人の価値観によって大きく分かれます。つまり、美性とは審美眼を磨く経験を積み重ねることによって、より多くの価値観を知り、それらの価値観一つひとつを自分の好みはさておき、認められるような資質です。

この美性の資質は、第三ステップの普遍化に大きく関わるほかに、ホスピタリティの第二段階である、「感動の創出」を左右する大切な資質でもあります。

共感力に不可欠な『感情のパレット』

想像性を十分に働かせ、第四ステップ「置き換え」と第五ステップの「トレース」で的確に相手の感情にアプローチするためには、多様な感情のサンプルリストを必要とします。このようにさまざまな感情を経験し、心に蓄積したものを、私は『感情のパレット』と呼んでいます。

自分の『感情のパレット』の中に、色とりどりの感情がもてるようになると、近い感情を見つけやすくなるので、相手の感情を想像するのも容易になります。その分、細やかに共感できるようにもなるのです。

原色で描かれた風景画は、現実にはほど遠い、抽象的な印象の絵に感じられます。他方、微妙なグラデーションで描かれた風景画からは、自然でリアルな印象を受けます。同じように、『感情のパレット』に喜怒哀楽の4つの感情しか収めていない人は、細やかな感情にうとい人と受け取られます。

しかし、『感情のパレット』が豊かで、微細な感情の変化も感じ取れる人は、繊細な対応ができる人という印象を与えるのです。

そもそも、すべての感情を自分一人で経験することは不可能です。それに、これから先に起こる出来事や自分と立場が異なる人の感情の動きは、経験できません。そこで、人の話を聞くこと、周りの人と深く接することを通じて、自分が知らない感情を学ぶ必要があります。

また、映画や小説は、人のあらゆる感情、極端な例でいえば、犯罪者の感情すら描かれた、感情のカタログのようなものです。そこで、自分では決して体験できない感情を知ることもできます。

感情のデータを蓄積して『感情のパレット』を豊かにするためには、年齢、性別、バックグラウンドが異なる人たちの「不快」に関する感情も『感情のパレット』に豊富に蓄えておくことも重要です。

不快の感情を充実させておけば、いつでもすぐに相手の不快な感情を払拭する行動へ移せるようになるからです。

「創造性」とは本質に立ち返っての「置き換え力」

行動原理に必要な能力（右脳的能力）は、先天的能力のようにとらえられることが多々ありますが、画家に不可欠なデッサン技術と同様に、訓練で身につけることが可能なものもあります。その代表的なものが創造性です。

創造性が発揮される瞬間は、他者からは「神が降りてくる」「天才的ひらめき」と見えるかもしれません。しかし実のところ、ほとんどの場合が知識と経験に連動しており、ゼロベースで生まれるものではありません。

モーツァルトは天才的作曲家と言われますが、もしバッハよりも先に生まれていたら、あのような活躍はできなかったでしょう。バッハの功績がモーツァルトの作曲の下敷きとなっているのです。つまり新しい発想とは、脈々と継承されてくる文化や伝統の中から生まれてくるものです。

新しいものを創出する能力には、既存のものを進化させる「積み上げ型」と、既存のものを組み合わせて構成する「組み合わせ型」の2通りがあります。いずれにせよ、既存のものの本質を理解したうえでの応用（置き換え）が、できるか否かが問われます。これができれば、限られた条件のなかでも、どのような感情の置き換えも自由にできるようになります。

この置き換えを円滑に進めるには、知識と経験を蓄えておく必要があります。

感情のパレットは想像性だけでなく、創造性も左右するものなのですが、創造性とは物事の見方そのもので、必要なのは天才的な閃きなどではなく、知識と経験に他なりません。それらを蓄積、発展させたり組み合わせたりすることで、応用する資質です。

ホスピタリティにおいて創造性とは、お客様の期待を超えるものを自分で創出する喜びに直結しています。思いついた瞬間にワクワクして、「どんなに喜んでくれるだろう！」と、自分の能力を駆使して相手を喜ばせることが自分の喜びになります。これこそホスピタリティのご褒美の部分で、この喜びがあればこそ、「次は何をしてあげようか」という行動喚起になります。

創造力を鍛え、創造を喜べることこそ、ホスピタリティに必要不可欠なモチベーションに他なりません。

創造性とは、過去のあらゆる創造物を応用することです。したがって、知識や経験が不足していると引き出しが少なすぎて応用が成功する可能性も低くなります。

創造性を磨きたければ、とにかく、あらゆる知識と経験を積むことが必要です。こと創造性においては、無駄になる知識や経験は一切ないのです。だからこそ、創造性を磨くためには、疑問をもち核心に迫ろうとする「探求性」や、知的欲求＝「知性」といった資質も重要だといえます。


ただし、知識や経験を蓄積しただけでは自由自在に使うことはできません。より生きた創造性に結び付けるためには、置き換えのトレーニングをする必要があります。置き換えとは、「そもそもこれはどういったものだろう？」と本質を見出し、異なる分野に同様の本質をもつものを探し出すことです。

たとえ知識や経験が乏しくても優れた置き換え能力があれば、どのような感情にも共感することが可能です。知識や経験は常に蓄積していかなければなりませんが、死んだ知識よりも生きた置き換え能力を重視してください。

創造性の敵は、複数の物事について、両者の違いにばかりとらわれることです。まったくかけ離れて見える場合でも、どんな小さなことでもよいから共通点を見つけられること。それが物事の本質を見出し、置き換え能力を鍛えることにつながります。

品性ある人こそが共感力を発揮できる

感情をトレースして、最終的に共感を言葉や行動で示す際に必要な資質が品性です。品性とは、おもいやりと言い換えることもできます。つまり、相手に対して礼を尽くしたふるまいをするための心です。心の美しさや倫理観といっても良いかもしれません。

たとえ置き換えのステップまでがスムースに行なわれても、「相手のために」という心がなければ、そのふるまいは相手に共感していることにならないからです。

品性とは、相手に対して不快感を与えないための資質です。コミュニケーション能力の高さよりも、品性があるかどうかのほうが、相手の不快感を左右します。

ですから、品性がなければ「好き」という感情が生まれませんし、いくら共感を示しても共感していることを認めてもらえないし、品性のない人が共感してもらおうと努力してもなかなか共感してもらえないのです。

たとえば、「おもしろい話」をする人について、おもしろい話を好きな人は「ああ、この人はおもしろい人だな」と思いますが、真面目でおもしろい話も嫌いな人は「こ

第5章

の人って下品だな」と思うかもしれません。しかし品性は、価値観の個人差を超えた、万人が共通して好感をもつ価値観の目安です。

品性とは、毎日の生活習慣によって、たゆまぬ努力の積み重ねで築かれているものです。これは、純粋性や美性と同じように、毎日磨き続けていかなければならないものです。

第6章

共感力を鍛えてホスピタリティをレベルアップする

——傾聴力、立案力、説得力

共感のためのインプットとアウトプット

相手に深く共感することができるようになっても、それをコミュニケーションの場で活かすには、相手の話を聞き（インプット）、リアクションを行なう（アウトプット）ことまででワンセットです。

サービスの現場ならば、共感力を駆使してお客様の真意を聞き出すことが必要ですし、適切に対応することが必要です。そこまでできてホスピタリティが可能となります。

接客においては、導入（観察）、傾聴（ヒアリング）、分析、立案（共感と想定）、提案（説得力を使う）という5つのステップを踏むことで、初めてひとつのコミュニケーションが成立します。

①導入　お客様の心を整え、お客様を観察する段階。お客様の様子を把握しながら、会話の流れを考えます。

②傾聴　お客様の要望を聴く段階。お客様が伝えたいと思っていることを聞き出します。お客様の視点で聴き進めていくこと、自分の価値観で判断しない姿勢が必要です。

③分析　ご要望の背景を想定し、真意を探る段階。集まった情報からお客様の希望を分析する際に、共感力と想定能力を使いさまざまなケースを仮定します。確信に必要な質問を追加することも必要ですし、「なぜ？」と疑問をもち、探求する姿勢も大切です。

④立案　具体的な提案や行動を考える段階です。ここまでは傾聴に徹してください。

⑤提案　価値が伝わるように提案します。傾聴の途中でその都度提案を挟むのではなく、最後にまとめて提案すると良いでしょう。

導入ではお客様の「ごきげん」を作る

導入で重要なことは、最初にお客様にお目にかかったとき、どのようなアプローチをすればお客様に居心地よく感じていただけるかを考えて行動することです。

1章でお話しした通り、ミラーニューロンの働きにより、感情は伝染します。そこで、まずは自分自身がごきげんな状態で、お客様に接しましょう。

また、最初の導入の際に、お客様がどのような状況でいらっしゃるのかをキャッチすることも大切です。たとえば、スマートフォンを片手に電話をしながら店舗に入っていらしたのであれば、とても忙しい中での来店とわかります。汗をぬぐいながらであれば、暑い中を歩いていらっしゃったとわかります。こうしたお客様の様子を観察し、その状況（理性）と気持ち（感情）をキャッチしてお声をかけたり、冷たいおしぼりを差し出したりします。これによって、お客様は居心地よく「ごきげん」に感じてくださるようになります。

さらに、巻末付録で後述していますが、お客様のタイプに合わせて、コミュニケーションの取り方も変えていきます。

傾聴に必要な質問力

傾聴とは、文字どおりお客様の声に耳を傾けて聴くことです。単にお客様がおっしゃることを聞くだけでなく、ときには質問を交えながら、丁寧に聞き出さなければなりません。

お客様のご要望は常に明確なものであるとは限りません。言葉だけでなく、ときにはご要望そのものも曖昧なことが多いものです。それを把握するためのヒアリングを円滑に進めるには、質問の仕方にも工夫が必要です。使用頻度の高い質問のスタイルには3つあります。

①クローズド・クエスチョン（イエス、ノーで答えられるもの）
②オープン・クエスチョン（そのものズバリを答えてもらう）
③サンプル・クエスチョン（例を出し、選んでもらう）

ヒアリングの際には、それぞれの特色を理解し、組み合わせて使用すると、相手が答えやすくなります。また、ひとつの事柄に対して、ひとつの質問で終わらせず、さらに2回掘り下げる質問を行なうことで、より詳しく真意に迫ることができます。

①クローズド・クエスチョン

イエスかノーで答えられるタイプの質問です。答えやすい反面、ひとつの質問で得られる情報が少ないというデメリットがあります。

「バラの香りはお好きですか?」

という質問ではバラの好き嫌いという情報しか得られないので、オープン・クエスチョンやサンプル・クエスチョンとうまく組み合わせられるような、

「嫌いな香りはありますか?」

などの質問を用いるとスムースでしょう。

②オープン・クエスチョン

自由回答を得るための質問です。香りについてたずねるのであれば、

「どのような香りが好きですか?」

といったタイプの質問が該当します。一度で得られる情報は多いのですが、よく知らないことについては回答しにくいというデメリットがあります。相手がよく知っている内容については回答しやすい反面、よく知らないことについてはストレスを感じさせてしまいます。

③サンプル・クエスチョン

クローズド・クエスチョンとオープン・クエスチョンのメリットを複合したスタイ

ルの質問です。オープン・クエスチョンのような情報を得たい場合に、事例を添えたクローズド・クエスチョンの形式を採ります。回答のサンプルを添えるので、相手が回答しやすくなるメリットがあります。

「甘い花のような香りと、柑橘系の爽やかさのある香り、どちらのタイプがお好みですか?」

と質問すると、相手にもこちらが欲しい情報のスタイルがわかるので、回答をイメージしやすくなるのです。

ヒアリングにおいては万能に思えますが、事例を挙げるためには、質問する側に知識が求められる点で難易度も高くなります。

会話を円滑にするアグリーメントアクション

お客様の気持ちへの共感を示すためには、お客様がおっしゃることに同調・同意を示すためのリアクションが必要です。このリアクションを「アグリーメントアクション」といいます。

たとえば、お客様のご要望に沿える状況でなかったときでも、お客様の気持ちを否定しないことが重要です。こんなとき、お断りをする前に、アグリーメントアクションを行なうのです。

アグリーメントアクションの手法としては、「言葉のリピート」と「言葉のリプレイスメント」があります。

言葉のリピートとは、相手の言葉をそのままくり返すことです。「そうですか」「そうなんですね」という言葉で相槌するのではなく、相手の言葉を同じようにくり返すことによって、その言葉をきちんととらえていることが伝わります。

たとえば、お電話で「今日のヘアカットの予約はできますか？」と聞かれたら、満席であっても「すみません。今日は予約でいっぱいです」と即答するのではなく、「ヘアカットのご予約でございますね？　少々お待ちくださいませ」と、まずはお客様の言葉をリピートする。それだけで、お客様は相手が理解したことを感じ、安心します。

リプレイスメントとは、置き換えのことです。リピートと似ていますが、同じ言葉をくり返すのではなく、自分の仮説を交えた言葉に置き換えて、相手の言葉をくり返します。

「今日の予約はできますか？」とお客様がおっしゃったのならば、急にお休みがとれたのかな？　という仮説が立てられます。そこで「○○様はお忙しいので、急にお時間がとれたのですね？」と、置き換えた言葉でたずねます。これによってお客様の拒絶感がなくなります。

共感力を働かせて「分析」し、「立案」につなげる

傾聴によって集まったお客様の情報を元に、共感力と想定能力を働かせてお客様のご要望を分析します。このとき、「なぜ？」という疑問をもち、お客様の真意に対する仮説を立てます。必要に応じて質問もしながら、仮説を確信にまで高めていきます。続く立案は、どのような言動に落とし込むかを考える段階です。お客様の状況に応じて、創造性を働かせてベストの対応を考えます。

ここで必要な立案力とは、プランニング能力のことです。言われていないことをするために、何をすれば良いのか考えることが、立案なのです。

まず、想定能力によって、お客様がどのような状況や心境であるのか、複数の可能

性を考えることができます。たとえば、レストランのテーブルに座っているお客様が腕を組んだとします。このとき、「寒いのかもしれない」「お連れ様と難しい話をしているのかもしれない」「どこかが痒いのかもしれない」「退屈しているのかもしれない」「お腹が痛いのを我慢しているのかもしれない」……と、さまざまな仮説を想定できます。そこで、近くへ行き、お客様のご様子を見ると、どこかを掻いてはいないし、お話そのものは楽しんでいらっしゃるご様子だったけれど、半袖の腕に鳥肌が立っていました。そこで、ブランケットを持って行くことや、エアコンの送風口から遠い席にお移りいただくことを考えられる力が、立案力です。

これは、すなわち、ホスピタリティの第二段階である「感動の創出」をいかにして行なうかを考えることでもあります。

ビジネスの複雑な企画やプランニングもまた、文字通り立案です。ここでも、相手の目線に立って、相手が何に悩んでいるのかを考え、そのためになるプランを考えることが立案力となります。

知性や探求性、創造性や美性のところでも感動の創出については少しお話ししましたが、もう一度、詳しくご説明しておきましょう。問題を解決でき、かつ相手の価値に合致した物事を提供するためには、相手の価値観を知ることが重要です。その時に必要な資質が、探求性や美性です。自分の価値観とは異なる多くの価値観を知っていて、しかもお客様の価値観はどういったものかを深く掘り下げるための原動力となります。そして、知識に基づいて組み合わせたり、応用したりすることで、お客様がまだ言葉にしていない（要求していない）隠れた要望を実現できることが、創造性の働きです。そして、創造に必要な知識は、知性や探求性によって、蓄積されています。

このように、共感力で使われる資質は、そのまま感動の創出においても必要とされるものです。

さらに、どんなに素晴らしい立案ができても、プレゼンテーションの仕方によっては、受け入れていただけないことがあります。そこで、立案までの間は傾聴に徹し、提案は最後にまとめて行なうことが大切です。

というのも、傾聴しながらの提案では、お客様の混乱を招き、最終的に何を提案されるのか、わからなくなってしまうからです。

じつはここでは、プレゼンテーションの力である「説得力」が問われます。プレゼンテーションというと話法だけが注目されますが、実際に大切なのは、受け入れていただくことです。ですから説得力が必要なのです。

また、お客様が見たことや経験したことがない物事は、価値を想像できない可能性があります。とくに若い人たちは、経験していないことがたくさんあります。

私が専門とするウエディング業界では、私よりも若い人たちがお客様ですし、しかも例外をのぞいて、初めて結婚式を挙げる方たちばかりです。私が教えてきた学生たちに至っては、もちろん結婚式を挙げたことはありませんし、出席したことすらないことも多いのです。

そういう若いお客様に結婚式を自分のこととして想像してもらうことができなければ、結婚式を教えることも売ることもできません。

相手に未知の商品をリアルに想像させる。そのために重要なツールが、たとえ話です。このたとえ話の使い方については、本章の最後で、詳しくお話しします。

プレゼンテーションにおいては、いきなり提案を行なうのではなく、まずこれから何を提案するのか、簡潔に話します。タイトルをつけるようなものです。それからお客様のご要望を確認し、それに対して提案を行ないます。また、その提案とご要望が合致していることを確認します。さらに、裏付け事例をお話しし、お客様の行動を促すことで、購入などの場合にはプレゼンテーションが完了します。

お客様の共感力に合わせたコミュニケーションを

お客様とのコミュニケーションでは、お客様の態度を見て、お客様が4つのコミュニケーションタイプのどれかを診断し、それに合わせたコミュニケーションを行なうことが重要です。複数のタイプのお客様が一緒にいる場合は、適度に切り替えてお話ししましょう。

トークも同じです。コミュニケーション相手の共感力に合わせたスタイルでトークを進めると、自分の価値観に合った商品やサービスであることを理解し実感していただけます。何より自分の価値観に共感してもらっていることが、トークのスタイルで伝わるからです。（詳しい対応法については、巻末をご覧ください）

「たとえ話」は共感させるための重要ツール

本書でも度々「たとえ話」を交えてきたように、誰にでもイメージしやすいシーンに置き換えて話をすると、伝えたい感情をイメージしやすくなります。たとえ話をすることで共通の『感情のパレット』を用意できるともいえます。

認知言語学でも論じられているように、人は、自分自身で経験していないことは、すでに知っていることと照らし合わせて理解しようとするのです。

私はウエディング企業のコンサルティングに多数携わってきた経験から、ある法則を見つけました。それは、「売れないウエディングセールスの共通点は、たとえが下手」ということです。

というのも、結婚式や披露宴はたいへん特殊な商品だからです。新郎新婦は、基本的には初めて自分自身の結婚式を経験します。ということは商品のことをまったく知らないのです。つまり栓を抜く前のワインと同じです。

ワインを選ぶとき、ソムリエは味や香りはもちろんのこと、料理との相性や飲んだときの心の動きまで、具体的にイメージできるように説明してくれます。たとえば、「柑橘のようなフレッシュな酸味」「チョコレートのようなビターな香り」といったふうに、ほかの何かになぞらえて説明します。たいていの人が経験したことがあるものになぞらえることによって、イメージが容易になるからです。

結婚式もレストランのワインも、購入前に体験や試飲はできません。ですからその商品を買ってもらうには、商品の価値（＝「買ったらどうなるか」）を、あらかじめお客様に想像させる必要があります。

味を予想できない高いワインには、なかなか手が出せないでしょう。同じように、新郎新婦は当日の様子をイメージできない結婚式を決して挙げようとはしません。

ソムリエがほかのものになぞらえて味を表現することは、まさに「たとえ」を使った説明です。つまり、「たとえ」とは、相手が知らない物事をすでに知っている物事に置き換えて伝えようとする技術なのです。人は上手な「たとえ」があれば、知らない物事もイメージできるようになるのです。

にもかかわらず、売れないウエディングセールスでは、このように説明してしまいがちです。

「当日は皆さん、お喜びです」

この描写が伝わらない理由は、大ざっぱだからです。恋人と行ったハワイも、昨日お付き合いでなんとなく行ったカラオケボックスも、両方とも「あそこはめちゃくちゃ楽しいよ！」と言っているようなものです。それくらい乱暴に、ひとくくりの言葉で説明してしまっているのです。

ウエディングを検討しているお客様は、他のお客様たちの喜びの度合いを詳しく知りたいと思っています。なのに、その喜びの度合いが想像できない言葉では、違いが伝わりません。相手が理解しない限りは「伝えた」ことにならないのです。これでは「伝えたつもり」にすぎません。

とくに、自分よりも若いお客様とのコミュニケーションでは、たとえを使ったトークによってこちらの提案を理解していただくことが非常に重要になります。

人は体験の蓄積があるものに対しては、すぐに理解し、自然に慣れることができます。しかし、未体験のものに対しては、過去の体験を参照することはできません。とくに相手の体験や知識が少ないほど難しくなります。そこで、似たような体験をたとえで伝えると、そのときの感情を類推してもらいやすいのです。

自分よりも若い人たちは、新しい時代に新しく生まれる概念やテクノロジーに合わせて、どんどん考え方も行動も価値観もバージョンアップし、変化します。ですから、自分より若い人たちに共感しようとすると、知らなければならない物事もどんどん増えるので、なかなか慣れることができないのです。

しかし、社会のシステムそのものは急激に変わらないため、「若い人たちは自分とは違う価値観をもっている」ことを忘れてしまいがちです。

若い人との関係にかぎらず、このことを忘れてしまうと、自分の頭の中でイメージした言葉ではあるものの、ほかの人にはまったくイメージしにくい言葉でトークを進めてしまいがちになってしまいます。

たとえば、単に「美味しい」というだけでは、どんな美味しさなのかイメージしにくいのです。

相手が具体的にイメージできるように表現を工夫しなければなりません。「部活の後お腹がペコペコで家に帰ったら、お母さんがたくさん作って待っていてくれたカレー」というように表現すれば、味そのものはわからなくても、どのような種類の美味しさかは理解できるはずです。

5種類の「たとえ」を使う

では、上手な「たとえ」とはどのようなことでしょうか。

「タイのバンコクにある『ソンブーン』というお店の蟹カレーは、それを食べるためだけにまたバンコクへ行く人がいるほどなんだって」

そう聞くと、具体的な味はよくわからなくても、おいしさの度合いは伝わってきます。一度食べたらどんな気持ちになるのかが、「それを食べるためだけにまたバンコクへ行く人がいる」という「事例」で示されています。

また、「ウエディングプランナーを目指す人のバイブル」といえば、とても重要な教えが書かれた書物であることが伝わります。なぜなら、聖書がキリスト教の根本の教えが書かれた本であることを誰もが知っているうえでの「比喩」だからです。

このように、「たとえ」を使うには、自分目線の言葉から、相手目線の言葉へと置き換えるテクニックが必要です。

たとえは、「比喩」「寓話」「要約」「事例」「権威」の5つに大別できます。そして料理の味を試食なしに伝えるような場合に、これらを駆使することが必要です。

脂肪分が少ないフィレの部位なのに、口に入れるととろけるという、相反する特徴がある自慢の「フィレステーキ」。この料理を「うちのフィレステーキはおいしいです」ではなく、たとえを使って表現すると、次のようになります。

①比喩

直喩：「ウニのようなコクとシャーベットのような爽やかさが融合しています」

隠喩：「ステーキの塩キャラメルです」

②寓話

「アンドリュー・ロイド・ウエーバーのあるミュージカルが初演されたとき、あまりの素晴らしさに誰も言葉を発しなかったと言います。このステーキがテーブルに運ばれるときも、披露宴が静まり返ってしまうんです」

③要約

「言うなれば『トロフィレステーキ』です」

④事例

「あるグルメのお客様は、ウエディング限定のこのステーキを召し上がるために、結

比喩	何か別の似た要素をもっているものを引き合いに出して言い表すこと。直喩と隠喩がある ㊎雪のように白い／花嫁は天使だ
寓話	ほかのものに仮に託してストーリーを語り、話題の結論（目的）を察知させること ㊎『北風と太陽』やイソップ物語など
要約	言い表したい事柄を、似た意味をもつ別の物事を引用しながら短くまとめること ㊎未来アルバム
事例	表現したい内容を物語る、端的な例を取り上げて紹介すること ㊎１分間に10個売れている
権威	その分野において権威のある存在の例を紹介すること ㊎キャサリン妃愛用の品

婚式をしていなかったお嬢様の食事会をお開きになったんですよ」

⑤権威

「結婚式会場のシェフ10人を審査員に招いて行なった『100のステーキのブラインドテスト』で、3年続けてナンバーワンになりました」

他の料理の味わいを5種類の「たとえ」を使って伝えてみてください。たとえを使う非常によいトレーニングになるでしょう。

共感力を使ったホスピタリティのケーススタディ
――「アニメ愛好家の男性が外国車販売店に来店した場合」

本章の最後に、共感力を使ったホスピタリティのケーススタディをご紹介して、本書を締めくくりましょう。

3章で取り上げた、外国車の販売店にお越しになった40代の男性のお客様の事例を思い出してください。3章では、このお客様にいかに共感するかについて取り上げました。しかし、その前後に、お客様とお話ししてご要望を聞き、お客様の真のご要望を知り、何をすべきかを考え、行動しなければ、ホスピタリティには結びつきません。

そこで、どのように傾聴力、立案力、説得力を働かせるかについてお話ししていきたいと思います。

あなたは20代半ばの女性です。おしゃれな若い女性がたくさん集まるエリアの路面店で、外国車の販売員の仕事をしています。

ある週末、40代と思しき男性のお客様がお一人で来店されました。このお店には40

代の男性客もたくさん来店しますが、どちらかというとファッションにこだわりがあり、ブランド品などもお好きなお客様が多いのです。しかし、このお客様は地味で、リュックサックにスニーカーというカジュアルな服装。あまりファッションには興味がおありではないようです。リュックサックにはアニメキャラクターのキーホルダーがついていました。

早速ご案内しようと「いらっしゃいませ」とご挨拶すると、その方は「今日はひやかしにきただけなんで」と、迷惑そうにおっしゃいました。そこで最新のパンフレットを差し上げ、まずはご来店アンケートのご記入をお願いしました。

ここまでが導入です。

次の傾聴・分析では、なぜこのお客様がご来店されたのか、共感力と想定能力を使いながら、その真意に迫っていきましょう。

お客様は、アンケートの全項目に記入され、お渡ししたパンフレットも丁寧にご覧になっています。アンケートの記載とパンフレットでご覧になっているページから、どうやら、発売されたばかりの2シーターの車種を見にいらしたことがわかります。では、ご来店の目的は何でしょうか？

お客様の「ひやかし」という言葉に対して共感力を働かせたところ、どうやらこのお客様は、車には興味があるけれど、この雰囲気や女性の販売員とお話することが苦手で、緊張していらっしゃるご様子です。そして、この空間にいらっしゃる居心地の悪さや気恥ずかしさには、すでに共感することができました。

では、本当にご案内は必要ないのでしょうか？　同業者の偵察であれば、お客様となる見込みはありません。売りつけられると嫌だとお考えだったり、接客が気恥ずかしかったりするのであれば、ご案内を工夫する必要があります。資金が十分でないので、興味があるけれど本当に見るだけなのかもしれません。

このように、可能性がある事柄を、先入観なしに考えます。そして、先ほど共感したように、気恥ずかしくいらっしゃるので、まずは居心地よく感じていただく必要があります。


この方に居心地よく感じていただくには、「ここにいらしても場違いではない」ということをお伝えすれば良いのです。そこで、

「この車は、20代から40代の男性に、ダントツで人気があるんですよ。その理由がと

ても意外なのですが、最近ヒットしたアニメ映画で主人公の敵役が格好良く乗りこなしているからなのだそうです。もしかして、お客様もこの映画をご覧になりましたか？」

と、お客様が親しみを感じそうな、その車に関するトレンドの情報も使いながら、お客様がその場にとけ込みやすくなるお話をします。

するとお客様は、自分以外にも似たような動機で来店するお客様が多いことがわかり、場違いではないと感じ、そうした知識をもっている販売員にも心を開きます。

ここからは実際の傾聴を行ないます。この車が欲しい理由を想定すると、ヒット中のアニメ映画に出てきていたと推察できます。そこで、オープン・クエスチョンで

「どんな車がお好きですか？」

と質問するのではなく、サンプル・クエスチョンで、

「やはり、あのヒット映画と同じ車種、同じシルバーがお好みでしょうか？」

と聞きます。返事が得られたら、立案と提案、説得です。

映画では、その車がアルプスのアップダウンのある道を走って行くシーンが出てき

ます。そこで、お客様のお住まいから近いアップダウンの山間コースをイメージします。ここでも、映画の知識と、各地の道路の知識が必要になります。そして、これらの知識を組み合わせてプランを考えます。そして次のようなプレゼンテーションをすれば、非常に説得力をもつことでしょう。

「シルバーのこの車で箱根ターンパイクへ行けば、あの映画のようにアルプスの山中を走っているような気分でドライブできますね」

「やはり、ご自分のお車も映画と同じスペックに揃えますか？」

お客様の心には、車の情報ではなく、車に乗ったご自身の情景を伝えることができました。お客様は、映画と同じハイスペックにするために、たくさんのオプションもお付けになりました。

こうした一連のホスピタリティは、すべて最初にお客様が発した「ひやかし」という言葉の裏にある感情に共感することから始まっています。「ひやかし」とおっしゃったお客様に共感したことによって、お客様の心が開いたのです。

付録

あなたはどのタイプ？

――コミュニケーションタイプ診断

あなたはどのタイプ？

第2章でコミュニケーションには「マル感」タイプ、「マル理」タイプ、「マル淡」タイプ、「マル共」タイプという4つのタイプがあるとお話ししました。

では、4つのタイプのうち、あなたはどのタイプかチェックしてみましょう。

まず、設問ごとに、あなたにもっとも近いと思われる項目にチェックを入れてください。

そのあと、A、B、Cそれぞれのチェックが付いた数を計算してから次の診断に進んでください。

1　上司から仕事の指示を受けた時は

□A　自分なりに理由を考えて動く

□B　指示の理由を確認する

□C　言われたとおりにする

2

チームで仕事をする時は

□A「こうしたらいいと思う」と自分の考えを言う

□B　自分のポジションを見ながら動く

□C　リーダーの指示に従う

3

仕事のモチベーションが上がる時は

□A　自分で決めた目標に向かう時

□B　他人から期待されている時

□C　報酬や労働条件などがよい時

4

仕事の成果を実感できる時は

□A　数字が出た時

□B　周囲の人の評判がよい時

□C　仕事が滞りなく終わった時

5　ミスをした時は

□A　自分がミスをしたことに動揺する

□B　他人に責められると動揺する

□C　ミスの大きさに動揺する

6　大きなプロジェクトを任せられそうな時は

□A　責任が重い大きな仕事がしたいのでウエルカム

□B　大きな仕事よりも周りの人に感謝される仕事がしたい

□C　大きな仕事よりも気が楽な仕事がしたい

7　営業成果のノルマを競うような時は

□A　やるからには一番になりたい

□B　一番にならなくてもよいのでお客様の評価を得たい

□C　自分の時間を大切にできる範囲内でがんばりたい

8　仕事でわからない事柄がある時は

□A　まず、自分で調べる
□B　まず、情報がありそうな人に質問する
□C　まず、上司に質問する

9
道がわからなくなった時は
□A　地図や番地を調べ直す
□B　近くの人に聞く
□C　タクシーに乗る

10
仕事で着る服を買う時は
□A　トレンドにかかわらず自分が一番良いと思うものを選ぶ
□B　ある程度はトレンドに従って選ぶ
□C　自分の好みを追求する

11
体調不良が原因で職場の懇親会を断る時は
□A　理由をはっきりと言って断る

□B　雰囲気を壊さないような理由に言い換えて断る
□C　理由を濁して断る

12　遅刻した時は
□A　まず理由を言う
□B　まず謝る
□C　まず相手の反応を見る

13　プライベートな悩み事があり、仕事にも集中できない時は
□A　社外の年長者に相談し、自分で解決できるようにする
□B　上司かリーダーに相談する
□C　親しい同僚に相談する

チェックを入れた項目を数えたら、早速、あなたのタイプを診断してみましょう。

『マル感タイプ』

Aが6つ以上あり、Bが5つ未満の人、またはAとCが同数で、それぞれ5つ以上

ある人

『マル理タイプ』

Bが6つ以上あり、Aが5つ未満の人、またはBとCが同数で、それぞれ5つ以上ある人

『マル淡タイプ』

Cが6つ以上ある人、または6つ以上ある項目がなかった人

『マル共タイプ』

AとBがそれぞれ5つ以上ある人

自分が何タイプかわかりましたか？　自分のタイプがわかったところで、各タイプの人にどのように対していけばいいのか見ていくことにしましょう。

「マル感」タイプに対するコミュニケーションの特色

「マル感」タイプは、感情を揺さぶるような、イメージを喚起するようなトークが響

くタイプです。たとえば、擬音や感情表現を多く使っている方はマル感タイプの可能性が高いと推察できます。

この場合は、同じように擬音や感情表現を使うと伝わりやすくなります。また、話者自身の経験談や感想などを交えると、さらに好感度が高まります。

このタイプは愛情や気遣い、感動などの情緒面に優れていて、モチベーションを作るのが上手です。とくに商品やサービスに理想や夢を持っている人ほど、積極的にコミュニケーションに取り組んでくれます。しかし、同じくらいのパワーでネガティブに振れることもあるため、小さなミスによって印象を悪くしたりお客様のモチベーションが大きく下がったりする可能性もあります。

ミスをしたときは、フォローやリカバリーにはとくに力を入れること。そうして、常にプラスのモチベーションをもっていただけるようにしましょう。

また、このタイプは、人の共感を求める傾向が強く、温度の違う相手にはいらだちを感じることも多いので、共感の姿勢を強く打ち出すことが重要です。サプライズを好むため、ささやかであってもサプライズを用意すると、好感度がアップします。

あなた自身も「マル感」タイプである場合は、コミュニケーションが驚くほど盛り上がることもありますが、冷静な判断ができなくなってしまうリスクもあります。冷静な視点や理屈を取り入れ、常識に照らし合わせた客観的な判断を慎重に行なうことが重要です。

フィーリングで盛り上がる関係だけに、ミスや感情の行き違いから、信頼関係があっという間に崩れる可能性もあります。ミスが起きた場合には、自分の感情を脇に置いて冷静・慎重にリカバリーに努めることがとくに大切です。うまくいっているときは良いものの、何かのきっかけでほころびが出るとうまくいかなくなり、修復がしにくいためです。

あなたが「マル理」タイプである場合は、お客様の気配りが行き届かないところをきちんとフォローできるという点で、理想的なパートナーシップを結べます。

しかし、コミュニケーションには、工夫が必要です。着地点や価値観が同じであっても、お互いの視点や表現方法が違うために、異なる意見と勘違いしてしまい、話がまとまらないこともあるからです。

じっくりと話し合った結果、「結局言いたいことは同じことだった」ということもよくある関係です。とくに、予算やセオリー、一般常識などについては、説明してもなかなか納得していただきにくいことがあります。理解することと納得するということは異なり、そして人によって納得するポイントが違うという点も、肝に命じておきましょう。

あなたは、言葉の選び方によっては冷たい印象を与えやすいので、ジョークや擬音などを交えながら、楽しい感情を刺激する接客を心がけると好印象を与えることができます。お客様に理解してもらいやすい提案方法を工夫し、お客様の要望を理解するための質問を工夫することが大切です。

あなたが「マル淡」タイプである場合は、お客様のリアクションや感情の起伏の激しさ、商品やサービスに対する夢や理想の大きさに驚かされたり、ときには傷ついたりすることもあるかもしれません。

しかし、非常に大げさに表現するタイプであることを念頭に置き、深く思い詰めないこと。びっくりしてフリーズしそうになりがちですが、リアクションの大きさでびっくりしてしまわないように、気をつけましょう。

「マル淡」タイプのリアクションは冷静になりがちですが、それがお客様にストレスを与えることもあるので、できるだけ相手が楽しくなる・嬉しくなるような言葉を選んで、同意の気持ちを伝えることを大切にしてください。正しいことと言って良いことはイコールではなく、言い方を変えたり、遠回しに伝えたりすることも必要だと心得る必要があります。

このタイプのコミュニケーションを円滑に進めるには、傾聴の姿勢を前面に押し出す必要があります。また、自分の意図が伝わらないときは、リアクションを大きくするほうが伝わりやすくなることを覚えておきましょう。

信頼関係が上手に築けないときは、ちょっとしたサプライズをすると、効果を得られることもあります。ただし、いくらサプライズでも相手が喜ぶことでなければ、独りよがりで逆効果になることもあるので気をつけましょう。

あなたが「マル共」タイプである場合は、基本的に話が弾む関係を築けますが、冷静なあなたと、理想像を強く思い描いているお客様との間に温度差が生じ、お客様が感情的になることもあるでしょう。

また、「マル感」タイプのお客様が複数ご一緒である場合には、社会的立場やほかのお客様への配慮がおろそかになる場合もあるので、必要に応じてストッパーの役割を果たすことも重要です。このときは、いきなり理屈で説明しないようにすることが大切です。

お客様の要望と異なる提案をする場合には、まず相手の話に共感（同調・同意）してから、納得していただける理由を示すと、受け入れてもらいやすくなります。

「マル理」タイプに対するコミュニケーションの特色

スペックやブランドストーリーで物事を理解する傾向があり、価格やキャパシティ、由来やブランド名などに反応しやすいタイプであれば、その人のコミュニケーションスタイルはマル理タイプである可能性が高いでしょう。

物事の道理や一般常識、世間的な立場を非常に大切にしているため、大胆な提案や思い切った提案をする際には、理解してほしいこと、実行してほしいことなどについて、その理由を明確にする必要があります。

パターンで学習する傾向もあるので、知ってほしいことは繰り返し、アピールしておくとよいでしょう。

話は長くなるかもしれませんが、まず理屈を通すことを前提で話をする必要があります。リアクションが冷静で、イエス・ノーをはっきりさせる傾向がある反面、感情を表現するのが下手な面もあるので、そのリアクションの根底にある感情や要望を引き出すことも重要です。

あなたが「マル感」タイプである場合は、何事も理屈で理解しようとするマル理タイプのお客様には、具体的な情報を多く盛り込むとよいでしょう。そうすれば、その場で情報を学び、きちんとインプットしてくれます。

世間の一般常識などについては、事例を変えて何度かくり返して説明すると良いでしょう。また、コミュニケーションのスタイルがまったく異なるので、コミュニケーションのスタイルを変えずに何度か一定のパターンをくり返すと、あなたの思考システムをきちんと理解してくれるようになります。

マル理タイプの人は、理屈を超えた感情があるということを、往々にして忘れがちなので、正しいことをストレートに言ってしまう傾向もあります。それはあくまでも悪感情に基づくものではなく、こうしたコミュニケーションスタイルなので、感情的に受け止めないことが大切です。

サプライズやプレゼントをしたいときは、欲しいものを聞いてからでなければあまり喜んでくれないので、気をつけましょう。

あなたが「マル理」タイプである場合は、コミュニケーションのスタイルが似ているので、説明が円滑に進みます。しかし、コミュニケーションスタイルの異なる人物が加わると、その人物には意図を正確に伝えられなくてイライラすることがあるかもしれません。また、女性はストーリー、男性はスペックなど、男女では求める「理屈」「論理」が異なる場合もあるので、注意が必要です。

あなたが「マル淡」タイプである場合は、マル理タイプの人の感情は見えにくいと感じるかもしれません。しかし、わざと隠しているわけではなく、感情表現が控えめなだけなので、わからない場合には言葉を変えて意向を確認するとよいでしょう。

理屈だっていることが好きな相手なので、物事を表現するときにも、理屈や数字、歴史など、明確な事実を中心に要望を伝えられることが多いはずです。そのため、話の内容がわかりにくいと感じることもあるかもしれません。

そうした場合には、「たとえばそれはファッションで言うとどのようなことでしょうか？」など、自分が理解できる世界にたとえてもらうなど、わかりやすく言い換えてもらうように促すとよいでしょう。

また、何か提案を受け入れてほしい場合には、それを行なうことにメリットがあることを、きちんと筋道立てて説明するようにしましょう。

あなたが「マル共」タイプである場合は、論理的な説明がポイントになります。ただし、話が伝わりやすいからといって、突然感覚的な言葉を混ぜると、急に伝わらなくなるリスクもあります。

どんなことを説明する場合でも必ず理由を明らかにして、筋道を立てて話を進め、説明を加えるようにすると、納得してもらいやすいでしょう。

「マル淡」タイプに対するコミュニケーションの特色

このタイプは、感情の起伏をわかりやすく表現することが苦手で、激しく喜んだり怒ったりしません。

さらに、言葉で具体的に意見や思考を伝えることにもあまり積極的ではないので、そうした傾向が見られたら、マル理タイプではなく、マル淡タイプだと判断して良いでしょう。

全体的にリアクションが抑えめなので、意図が伝わっているかわかりにくく、感情の動きも見分けにくいので、身近なたとえなどを使って理解をうながすとともに、感情の動きも観察してください。

このタイプは、遠慮がちでもあるうえ、理解し難いことや過度に感情的な反応に直面すると、萎縮してシャットアウトしてしまいやすい面もあります。見かけのひょうひょうとした、あるいはのんびりした雰囲気に合わせるよりも、もっとデリケートに接することを心がけるとよいでしょう。

非常に素直で、尊敬の念をもって人に接する面がある一方で、ムードに流された態度をとることも多いでしょう。そのため空気を読むことが得意で、テレビドラマやバラエティ番組など、ムードで喜んだり笑ったりできるものを好みます。

ですから、理屈などを具体的な言葉で伝えるよりも、ムードで雰囲気を感じさせるほうが浸透します。相手のテンションに合わせて、声の高さや話す速度を相手に近づけることも効果的です。

あなたが「マル感」タイプである場合は、自分とはリアクションや、感情の起伏がまったく違う相手であることを自覚してください。

言葉や動作が控えめであっても、感情が動かされていないわけではなく、その表現が控えめなだけだと肝に命じておきましょう。

このタイプとコミュニケーションを円滑に進めるには、派手なリアクションや熱烈な言葉を期待しないこと。また、自分の意図が伝わりにくいときは、できるだけ相手がいつも使うような表現に言い換えて、わかりやすく伝える努力が必要です。

リアクションを大きくすると、ひいてしまうことがあるので、抑えた態度を心がけましょう。


あなたが「マル理」タイプである場合は、金額やシステムの話など相手の苦手な分野の話をしていると話の途中で飽きられてシャットアウトされるかもしれません。理詰めで話さないよう気をつけ、シンプルで具体的な言葉を使った説明を心がけましょう。

できるだけ、相手にとって身近な事例に落とし込んで話すと理解が早くなります。「あるある話」など親しみのあるたとえ話を使うと、会話が弾み、素直に受け入れてもらえるようになるでしょう。理屈を通す必要はないということも知っておくとよいでしょう。

あなたが「マル淡」タイプである場合は、同じテンションで話ができるため、説明や打ち合わせが捗る面はありますが、淡々としすぎているきらいがあります。自分がお客様の要望をちゃんと理解できているか、お客様がこちらの説明を理解できているか、要所では必ず確認するようにしてください。

お互いに、自己表現を積極的にしないタイプなので、大きな決断をするときには、相手任せになってしまいがちな傾向があります。また、核心を理解していないまま、こちらのいいなりで話が進んでしまい、事後にキャンセルとなってしまう可能性もあります。意思をしっかりと確認することが重要です。

あなたが「マル共」タイプである場合は、何事も相手の言葉通りに受け取らずに、その奥にある真意を察することが必要です。自己主張やリアクションが控えめだったり、適切な表現や理屈がすぐに浮かばなかったりするタイプだからです。

表現力が自分よりも控えめな人間もいることをまず理解して、お客様が話についていけない場合に備え、常に言葉を変えて、確認するようにしてください。

「マル共」タイプに対するコミュニケーションの特色

このタイプは、男女ともにコミュニケーションに長けているため、自分の要望を伝えるのが上手で、ご提案に対しても聞き上手です。相手のタイプに合わせて、自分のトークを切り替えられるタイプでもあります。

ただし、本人の理解が早いため、ほかの人も自分と同じように理解できると思い込む傾向があり、自分だけが理解して、相手が理解していない状態になることもあります。こちらがご要望を詳細まで理解できていないのに、話をどんどん進めてしまうことも少なくありません。

そこで、ご要望に理解できない部分やわからないことがある場合には、質問を変えて聞き直したり、確認を何度も行なったりして、ご要望の趣旨を的確につかむことがポイントです。

あなたが「マル感」タイプである場合は、基本的に話は弾みますが、温度差が生じることもあるでしょう。

たとえば、快諾された提案が、後でキャンセルされることもあります。それはお客様がさらに深く考えた末のことであり、提案が気に入らないわけではありません。

相手が判断を変えると、マル感タイプは裏切られたような気分や、置いてけぼりになったような寂しさを味わいますが、マル共タイプとのコミュニケーションには、自分に対する好悪は関連していません。

ですから、相手の言葉で感情的になって極端な反応をしないようにすることが大切です。冷静に、「なぜそのような考えに至ったのか」を確認すると、新たなご提案をしやすくなります。

あなたが「マル理」タイプである場合は、マル共タイプのお客様は、スペックやブランドストーリーで説明した事柄を、明確に理解してくれます。

また、複数のお客様をお相手する際に、そのなかに一人マル共タイプがいらっしゃると、マル感タイプやマル淡タイプの方に対して、スペックの話や数字の話を上手に言い換えて伝え直してくれる面もあります。

しかし、提案に対する反応や、お客様からのご要望を具体的に把握しにくい点もあるので、お客様のご要望の根底にある動機や感情については、できるだけ深くヒアリングすることがポイントとなるでしょう。

あなたが「マル淡」タイプである場合は、話がいきなり変わったり、いきなり結論になったりして、会話についていくのが大変な面もあるかもしれません。しかし、話が変わったように思えても意見が変わったのではなく、視点が変わっているだけということが多いので、要点をしっかりととらえるようにしてください。

本質を見極めるような質問をして、お客様の中でブレない部分をいち早く見つけるのもポイントになります。

話についていけない場合は、そのことに気づかないことも多いので、理解できなくなったときは、必ず質問をしましょう。一度立ち止まってもらい、わかりやすく言い直してもらうようにすることが大切です。

自分が相手に合わせるよりも、相手に自分に合わせてもらうほうが、双方向のコミュニケーションは楽になります。

ヒアリングの際には、リアクションを明確にしないと「頼りない担当者」と思われてしまうリスクがあります。大きく頷いたり、はきはきと相槌を打ったりして同意を示し、不明点があれば、遠慮なくうかがう姿勢が大切です。

あなたが「マル共」タイプである場合は、普段は大変円滑にコミュニケーションが進む関係になるでしょう。

ただし、非常にスムースに打ち合わせを進められる反面、それだけに慎重さも必要です。とくに専門用語などについての相互理解については、十分に確認を行なう必要があります。

お互いにプレゼン上手なので、違う意見をもつと、話し合いに収拾がつかなくなることもあります。完全に納得できなくても、あえて折れて、お客様を立てることも大切です。

その際には、意見を主張する理由を明確にしておくと良いでしょう。最終的には専門家の意見を尊重して考え直してくれることも多いからです。

感情を盛り上げるべきところでは盛り上げ、スペックや理由を述べるところでは、きちんと伝えると好感度が高まります。

エピローグ　「お客様は奇跡的な存在」

本書でお読みいただいたように、共感力を使ったコミュニケーションの向こうには、必ず相手の笑顔があります。共感力の最終的な着地点は、お互いが笑顔の瞬間を迎えることなのです。

共感の出発点もまた、笑顔です。感情は伝染しますから、相手と接する前には、誰の力を借りることなく、自分一人で、まず笑顔になることが必要です。


では、どのようにして笑顔になればよいのでしょうか？

私は、笑顔は心のトレーニングの結果だと思っています。


皆さんは、「お客様は、なぜお客様になってくださったのだろう？」と考えたことはありますか？

もし明日、あなたの勤める会社やあなたの仕事がなくなったら、世の中は変わるでしょうか？　ガラリと変わることはないでしょう。あなたの会社も、あなたの仕事も、お客様にとっては、なくても困らないでしょう。それなのに、なぜ、あなたの会社のお客様になってくださるのでしょうか？

それこそが「奇跡」なのです。

一組一組のお客様が、「奇跡的な存在」なのです。そんなお客様が来てくださること自体「奇跡のご来店」なのです。そう思ったら、感謝の感情が生まれませんか？　感謝の気持ちを感じたら笑顔になりませんか？　一組一組のお客様がお越しくださることを「奇跡」だと思える心づくりが、笑顔のための心のトレーニングなのです。

東日本大震災の直後にある企業の研修を行なった際、仙台支社からいらした社員がいました。支社は壊れて閉鎖中とのことで、「1日も早くお客様に会いたいです。お客様に会えること、仕事があることがどれだけ幸せなことだったかを痛感しています」とおっしゃっていました。

その日以来、私は毎朝

「今日行く会社があってよかった。今日する仕事があってよかった。今日会うお客様がいてよかった」

と思うになりました。すると必ず感謝の心が生まれ、ごきげんになります。

心の底から、お客様という奇跡の存在に感謝すること。これこそが、感情をもつ人にしかできない仕事の第一歩です。

安東徳子

2017年夏

究極のホスピタリティを実現する
「共感力」の鍛え方

2017年9月4日　第1刷発行

著　者──安東徳子

発行人──山崎 優

発行所──コスモ21
〒171-0021　東京都豊島区西池袋2-39-6-8F
☎03(3988)3911
FAX03(3988)7062
URL http://www.cos21.com/

印刷・製本──三美印刷株式会社

落丁本・乱丁本は本社でお取替えいたします。
本書の無断複写は著作権法上での例外を除き禁じられています。
購入者以外の第三者による本書のいかなる電子複製も一切認められておりません。

©Ando Noriko 2017, Printed in Japan
定価はカバーに表示してあります。

ISBN978-4-87795-357-7 C0030